世界认证“地图”
照明产品

威凯认证检测有限公司 编

中国质检出版社
中国标准出版社
北 京

图书在版编目（CIP）数据

世界认证“地图”照明产品 / 威凯认证检测有限公司编 .
—北京：中国标准出版社，2018.9

ISBN 978-7-5066-9022-5

Ⅰ. ①世… Ⅱ. ①威… Ⅲ. ①电气照明—照明装置—产品质量认证—世界 Ⅳ. ① TM925

中国版本图书馆 CIP 数据核字（2018）第 147817 号

中国质检出版社
中国标准出版社 出版发行

北京市朝阳区和平里西街甲 2 号（100029）

北京市西城区三里河北街 16 号（100045）

网址 www.spc.net.cn

总编室：（010）68533533 发行中心：（010）51780238

读者服务部：（010）68523946

中国标准出版社秦皇岛印刷厂印刷

各地新华书店经销

*

开本 787×1092 1/16 印张 11.5 字数 161 千字

2018 年 9 月第一版 2018 年 9 月第一次印刷

*

定价：50.00 元

编委会

主　编　谢浩江

副主编　朱喜群　陈　斌

顾　问　李春江

编　者　朱喜群　谢浩江　倪济宇　李　栋
曾　博　许　诺　陈　斌　傅　健
卢雍宇　杨　丽　王　辉　马文溪
林　治　彭亦琛　张志平　张馨艺
郑皓屯　袁文娟　俞　燕　赖明宇
倪　伟

审　定　刘国荣　张序星　柳荣贵

序

照明产品制造行业的快速发展始于改革开放，历经数十载，中国制造的照明产品不仅满足了国内广大消费者的需求，还畅销全球。随着产业升级以及技术进步，近年来，照明产业出现了明显的新型产品替代传统产品的趋势。2016年，我国照明电器产品出口多年来首次遭遇下降，出口额388亿美元，相比2015年出口额450亿美元，下降达13.8%。而此前都是两位数的增长。到了2017年，出口逐步复苏。2017年，照明产品出口达到412亿美元，同比增长6.2%。和前两年相比，出口LED照明产品继续两位数增长；传统光源产品出口则持续下滑，传统产品与LED产品呈现此消彼长的态势。

与此同时，随着全球经济形势的不断变化和国际市场环境竞争的日趋加剧，我国制造成本优势逐渐减弱，技术创新投入持续增加。据相关数据统计，目前除汇率因素外，技术贸易壁垒和关税已经共同成为我国企业出口的第二大影响因素，约占影响企业出口全部因素的25%，其影响呈逐年上升态势。2017年，由于技术贸易壁垒的影响，我国出口企业损失逾千亿美元，广东、浙江、江苏、上海等企业聚集地成为受损的重灾区，受损领域主要集中在机电、农食和化矿领域。照明产品行业、企业也同样面临着应对全球市场技术贸易壁垒的成本日益增加、困难日趋凸显等问题。同时，我国照明产品向发展中国家和地区的新兴市场出口量连年增长，对我国照明产品制造业带来的市场准入与技术法规更加多样化、复杂化的影响也日益显著。部分出口照明产品企业因为不了解目标市场的准入要求与技术法规，在国际贸易过程中屡屡遇到阻碍，蒙受了巨大的经济损失。另外，智能家居等新型技术的开发与应用，同样面临着满足目标市场准入与技术法规要求。节能环保的诉求也促使进口国家的政府机构相继出台相关的能效技术法规。因此，照明产品制造企业应充分重视并关注目标市场准入与技术法规的要求与变化，在产品开发设计以及生产制造过程中，严格执行相关标准要求，尽可能在出口前获得目标市场授权的有资质的认证、检验检测机构出具的认证证书、检测报告，并持续保持其合规有效性，从而避免在贸易过程中因为不符合相关技术法规要求或未能提供有效证明文件而遭受经济损失。

伴随着照明产品制造业的发展历程，我国照明产品专业技术服务机构以及行业组织在国家政策的引导下，专注于照明产品标准、检验检测、认证技术的研究，积极参与相关标准化、合格评定等国际组织活动，通过双边、多边国际交流与合作，有效跟踪各国市场准入及技术法规变化，承担多项出口产品检验检测认证工作，在照明产品制造业与国际市场的准入门槛之间架起了一座便捷、高效的桥梁。在世界经济一体化发展、国家质量基础设施地位不断提升的大趋势下，我们需要更多的检验检测认证技术服务机构面向全球市场，在寻求自身立足和不断发展的同时，致力于帮助照明产品制造企业提升产品质量水平，应对各国市场的技术贸易壁垒，承担责任、分享经验、引领行业共同发展。

照明行业既是传统产业又是现代产业，实施“中国制造 2025”，让中国质量为世界高品质代言，对我国包括照明行业在内的机电制造行业提出了更高的要求。全面发展外向型经济，响应国家“一带一路”倡议，以技术创新与质量引领国际消费，就必须要做到知己知彼、防患于未然。本书的出版，填补了我国照明产品行业对全球各国市场准入制度要求进行综合汇编的空白，期望其能够带动行业信息交流与共享，成为照明产品制造企业、检验检测认证技术服务从业人员的一本实用工具书。

2018.7

陈燕生　理事长

中国照明电器协会

前言

随着社会的发展，世界各国和地区对照明产品的质量、安全与环保等要求日趋完善，中国作为照明产品出口大国，企业面临越来越多的技术贸易壁垒。另外，专业机构对全球市场准入与认证技术的研究实践以及交流的需求也日益凸显。为帮助照明行业积极应对全球经济形势变化，有效应对海外市场技术贸易壁垒，响应国家“一带一路”倡议的号召，促进中国出口贸易增长，同时促进认证检测技术交流，威凯认证检测有限公司在国家认证认可监督管理委员会（CNCA）指导下编写出版本书。

本书收集整理了世界主要国家及经济体针对照明产品的强制性市场准入和认证要求、基本差异以及标准，旨在为照明产品制造以及出口企业提供指南与参考，有效应对技术贸易壁垒。

本书概括了全球170多个主要国家与地区的准入与认证要求。主要介绍强制性要求，如中国CCC、韩国KC、欧盟CE等，照明产品必须按照相关标准进行测试并取得认证证书，才能在当地市场销售。附录介绍了国际电工委员会（IEC）以及IECEE-CB体系的情况，并呈现了主要国家和地区的自愿性认证标志，如德国VDE、加拿大CSA认证等，取得相关自愿性认证可以提高市场以及消费者对产品的认可度，因此，出口企业在满足强制性要求的同时，选择一种或多种自愿性认证，以提高产品的市场竞争力。

本书所述认证要求仅涉及固定式通用灯具、可移式通用灯具、嵌入式灯具、水族箱灯具、电源插座安装的夜灯、地面嵌入式灯具、儿童用可移式灯具、荧光灯用镇流器、放电灯（荧光灯除外）用镇流器、荧光灯用交流电子镇流器、放电灯（荧光灯除外）用直流或交流电子镇流器以及LED模块用直流或交流电子控制装置，各地区和国家列举的产品范围的选取原则是有强制认证和/或准入要求的产品，概述市场准入要求、强制认证/准入的产品范围、认证要求与标志，并分列了基本国家差异与强制性标准，包括电气安全、电磁兼容（EMC）、能效以及无线 WiFi 等方面的要求。制造企业可根据出口目的地查询相关照明产品的强制性认证要求与标准，有针对性地制定检测认证方案。

本书编写所依据的法律规范以及标准信息更新日期截至 2018 年 3 月 31 日。由于各地区与国家的强制性认证要求、产品范围与标准都在不断变化与升级，为保证产品开发能满足最新要求，各标准的最新版本适用于本书，读者应注意其他技术法规与认证规范的更新。本书的编写单位也将继续跟踪全球认证要求与标准的变化，并在适当的时候改版。

由于时间与编者水平有限，本书难免存在疏漏之处，欢迎广大读者批评指正。在此感谢国家认监委领导的大力支持、行业企业的关注与信任、CVC 威凯以及昕诺飞公司相关同事的辛劳与付出。

让我们致力于分享，让世界爱上中国造。

本书编委会

2018. 7

目 录

第一章　亚洲国家和地区照明产品强制性准入、认证与标准要求

亚细亚洲，简称亚洲，面积4457.9万km²，覆盖地球总面积的8.6%（人口总数约为40亿，占世界总人口约60.5%（2010年），是七大洲中面积最大，人口最多的一个洲。包括以下国家和地区：中国（大陆地区、香港地区、澳门地区、台湾地区）、海湾地区（沙特阿拉伯、巴林、卡塔尔、阿拉伯联合酋长国、阿曼、也门、科威特）、蒙古、朝鲜、韩国、日本、越南、老挝、柬埔寨、缅甸、泰国、马来西亚、新加坡、文莱、菲律宾、印度尼西亚、东帝汶、尼泊尔、不丹、孟加拉国、印度、斯里兰卡、马尔代夫、哈萨克斯坦、吉尔吉斯斯坦、塔吉克斯坦、乌兹别克斯坦、土库曼斯坦、格鲁吉亚、阿塞拜疆、亚美尼亚、巴基斯坦、阿富汗、伊朗、伊拉克、叙利亚、黎巴嫩、约旦、巴勒斯坦、以色列、塞浦路斯、土耳其等。

1.1　中国

1.1.1　大陆地区

1.1.1.1　照明产品市场准入要求与技术法规

类别	准入与法规要求	产品范围（照明）
电气安全	根据《强制性产品认证管理规定》，中国强制性产品认证（CCC）目录所涵盖的产品，须申请强制性认证并加贴CCC标志方可进入市场销售	固定式通用灯具，可移式通用灯具，嵌入式灯具，水族箱灯具，电源插座安装的夜灯，地面嵌入式灯具，儿童用可移式灯具，荧光灯用镇流器，放电灯（荧光灯除外）用镇流器，荧光灯用交流电子镇流器，放电灯（荧光灯除外）用直流或交流电子镇流器，LED模块用直流或交流电子控制装置
电磁兼容（EMC）	根据《强制性产品认证管理规定》，中国强制性产品认证（CCC）目录涵盖的产品须满足电磁兼容（EMC）要求并通过强制性认证并加贴CCC标志方可进入市场销售	固定式通用灯具，嵌入式灯具，可移式通用灯具，水族箱灯具，电源插座安装的夜灯，地面嵌入式灯具，儿童可移式灯具，荧光灯用镇流器，放电灯（荧光灯除外）用镇流器，荧光灯用交流电子镇流器，放电灯（荧光灯除外）用直流或交流电子镇流器，LED模块用直流或交流电子控制装置

续表

类别	准入与法规要求	产品范围（照明）
无线通信射频（仅限WiFi）	根据《无线电管理条例》所有在中国境内销售及使用的无线电组件产品，强制要求申请获得型号核准认证并在产品上标示型号核准代码，方可进入市场销售	带有无线通信模块的照明产品（仅限 2.4GHz WiFi 无线接入设备）

1.1.1.2 照明产品认证要求与标志

类别	认证要求	认证标志
电气安全	申请人向国家认证认可监督管理委员会（CNCA）指定的认证机构申请中国强制性产品认证（CCC），在指定的检测机构通过测试；基本认证模式为型式试验 + 获证后监督，认证采用中国国家标准（GB）	CCC
电磁兼容（EMC）		
无线通信射频（仅限 WiFi）	申请人向国家无线电管理委员会提交申请并通过检测后获得型号核准证书	核准代码

1.1.1.3 照明产品主要国家差异与标准

电压 /V	频率 /Hz	主要官方语言	插头 / 插座	
			类型	插头 / 插座形式
220	50	中文	A 型	

产品类别	执行标准编号			
	安全[1, 2]	能效	EMC	WiFi
固定式通用灯具	GB 7000.201	—	GB/T 17743 GB 17625.1	ETSI EN 300 328 GB 15629.1102 GB 15629.1104
可移式通用灯具	GB 7000.204	—		
嵌入式灯具	GB 7000.202	—		
水族箱灯具	GB 7000.211	—		
电源插座安装的夜灯	GB 7000.212	—		
地面嵌入式灯具	GB 7000.213	—		
儿童用可移式灯具	GB 7000.4	—		
荧光灯用镇流器	GB 19510.9	—		
放电灯（荧光灯除外）用镇流器	GB 19510.10	—		
荧光灯用交流电子镇流器	GB 19510.4	—		

续表

产品类别	执行标准编号			
	安全[1,2]	能效	EMC	WiFi
放电灯（荧光灯除外）用直流或交流电子镇流器	GB 19510.13	—	GB/T 17743 GB 17625.1	ETSI EN 300 328 GB 15629.1102 GB 15629.1104
LED 模块用直流或交流电子控制装置	GB 19510.14	—		

[1] GB 7000 第 2 部分系列特殊要求标准需与通用要求标准 GB 7000.1 同时使用；

[2] GB 19510 第 2 部分系列特殊要求标准需与通用要求标准 GB 19510.1 同时使用。

1.1.2　香港地区

1.1.2.1　照明产品市场准入要求与技术法规

类别	准入与法规要求	产品范围
电气安全	根据《电气产品（安全）规例》规定，所有在香港供应的照明产品均须取得符合安全规格证明书（如测试报告）	固定式灯具；可移式灯具；嵌入式灯具；水族箱灯具；电源插座安装的夜灯；地面嵌入式灯具；儿童可移式灯具；荧光灯用镇流器；放电灯（荧光灯除外）用镇流器；荧光灯用交流电子镇流器；放电灯（荧光灯除外）用直流或交流电子控制装置；LED 模块用直流或交流电子控制装置
电磁兼容（EMC）	适用情况下，以上范围产品还须符合电磁兼容 EMC 要求	

1.1.2.2　照明产品认证要求与标志

类别	认证要求	认证标志
电气安全	依据相关国际标准进行检测	无
电磁兼容（EMC）	在适用的情况下，依据相关国际标准进行检测	无

1.1.2.3　照明产品主要地区差异与标准

电压 /V	频率 /Hz	主要官方语言	插头 / 插座	
			类型	插头 / 插座形式
220	50	中文	G 型	

产品类别	执行标准			
	安全[1,2]	能效	EMC	WiFi
固定式通用灯具	IEC 60598-2-1	—	CISPR 15 IEC 61547 IEC 61000-3-2 IEC 61000-3-3 IEC 61000-3-11 IEC 61000-3-12	HKCA 1039
可移式通用灯具	IEC 60598-2-4	—		
嵌入式灯具	IEC 60598-2-2	—		
水族箱灯具	IEC 60598-2-11	—		
电源插座安装的夜灯	IEC 60598-2-12	—		
地面嵌入式灯具	IEC 60598-2-13	—		
儿童用可移式灯具	IEC 60598-2-10	—		
荧光灯用镇流器	IEC 61347-2-8	—		
放电灯（荧光灯除外）用镇流器	IEC 61347-2-9	—		
荧光灯用交流电子镇流器	IEC 61347-2-3	—		
放电灯（荧光灯除外）用直流或交流电子镇流器	IEC 61347-2-12	—		
LED 模块用直流或交流电子控制装置	IEC 61347-2-13	—		

[1] IEC 60598-2 系列特殊要求标准需与通用要求标准 IEC 60598-1 同时使用；

[2] IEC 61347-2 系列特殊要求标准需与通用要求标准 IEC 61347-1 同时使用。

1.1.3 澳门地区

1.1.3.1 照明产品市场准入要求与技术法规

类别	准入与法规要求	产品范围
电气安全	依据澳门第 17/2008 号行政法规：在澳门市场上销售的产品须符合中国国家标准或国际标准要求	固定式灯具；可移式灯具；嵌入式灯具；水族箱灯具；电源插座安装的夜灯；地面嵌入式灯具；儿童可移式灯具；荧光灯用镇流器；放电灯（荧光灯除外）用镇流器；荧光灯用交流电子镇流器；放电灯（荧光灯除外）用直流或交流电子控制装置；LED 模块用直流或交流电子控制装置

1.1.3.2 照明产品认证要求与标志

类别	认证要求	认证标志
电气安全	依据相关国家或国际标准进行检测	—

1.1.3.3　照明产品主要地区差异与标准

电压 /V	频率 /Hz	主要官方语言	插头 / 插座	
			类型	插头 / 插座形式
220	50	中文	D 型 M 型 G 型 F 型	

产品类别	执行标准			
	安全[1, 2]	能效	EMC	WiFi
固定式通用灯具	IEC 60598-2-1	—	—	—
可移式通用灯具	IEC 60598-2-4	—		
嵌入式灯具	IEC 60598-2-2	—		
水族箱灯具	IEC 60598-2-11	—		
电源插座安装的夜灯	IEC 60598-2-12	—		
地面嵌入式灯具	IEC 60598-2-13	—		
儿童用可移式灯具	IEC 60598-2-10	—		
荧光灯用镇流器	IEC 61347-2-8	—		
放电灯（荧光灯除外）用镇流器	IEC 61347-2-9	—		
荧光灯用交流电子镇流器	IEC 61347-2-3	—		
放电灯（荧光灯除外）用直流或交流电子镇流器	IEC 61347-2-12	—		
LED 模块用直流或交流电子控制装置	IEC 61347-2-13	—		
[1] IEC 60598-2 系列特殊要求标准需与通用要求标准 IEC 60598-1 同时使用； [2] IEC 61347-2 系列特殊要求标准需与通用要求标准 IEC 61347-1 同时使用。				

1.1.4 台湾地区

1.1.4.1 照明产品市场准入要求和技术法规

类别	准入与法规要求	产品范围（照明）
电气安全	台湾地区应施检验商品目录涵盖的产品须进行检验，取得台湾标准局 BSMI 检验证书并加贴检验标志，方可在市场上销售	放电式灯泡或灯管之安定器（限检验荧光灯管用交流电子式安定器）；放电式灯泡或灯管之安定器（限检验预热式热阴极荧光灯管用之安定器）；其他电灯具及照明配件（限检验一般室内照明用者）；神明桌用神明灯；枝形吊灯及其他天花板或墙壁之电照明配件，不包括公共场所或街道照明用者（限检验一般室内照明用者）；柜、桌、床边或落地之点灯具（限检验交流 300V 以下之热阴极荧光灯桌上台灯）；柜、桌、床边或落地之电灯具（限检验其他柜、桌、床边或落地之灯具）
电磁兼容（EMC）	应施检验商品目录涵盖的家电产品须满足电磁兼容要求并通过检验	
无线通信射频（仅限 WiFi）	所有电信终端设备、低频率射频电机及电信管制射频器材都须获得型式认可，并加贴 NCC 标志，方可进入市场销售	带有无线通信模块的照明产品（仅限 2.4GHz WiFi 无线接入设备）

1.1.4.2 照明产品认证要求和标志

电气安全	产品须由 BSMI 指定的检验机构检验； 认证模式包括自我管制模式（模式一）、型式试验模式（模式二）、符合型式声明模式（模式三）、完全品质管理制度模式（模式四）、制程品质管理模式（模式五）、产品品质管理制度模式（模式六）和工厂检查模式（模式七）；具体产品对应的认证模式须符合 BSMI 的规定要求； 须由本地代表持证	
电磁兼容（EMC）		
无线通信射频（仅限 WiFi）	产品须在指定检测机构测试； 证书持证人可以是台湾工厂 / 制造商 / 进口商，如果申请人不是台湾公司，则申请人必须是制造商或工厂	

1.1.4.3 照明产品主要国家差异与标准

电压 /V	频率 /Hz	主要官方语言	插头 / 插座	
			类型	插头 / 插座形式
110	60	中文	B 型	

产品类别	执行标准			
	安全[1, 2]	能效	EMC	WiFi
放电式灯泡或灯管的安定器（限检验荧光灯管用交流电子式安定器）	CNS 13755 IEC 61347-1 IEC 61347-2-3	—	—	
放电式灯泡或灯管的安定器（限检验预热式热阴极荧光灯管用之安定器）	CNS 927 IEC 61347-1 IEC61347-2-8	—	—	
其他电灯具及照明配件（限检验一般室内照明用者）	CNS 14335 IEC 60598-2-1 IEC 60598-2-2 IEC 60598-2-6 IEC 60598-2-23	—	CNS 14115	
神明桌用神明灯	CNS 1433 IEC 60598-2-1 IEC 60598-2-2 IEC 60598-2-4 IEC 60598-2-6 IEC 60598-2-23	—	CNS 14115	LP 0002
枝形吊灯及其他天花板或墙壁的电照明配件，不包括公共场所或街道照明用者（限检验一般室内照明用者）	CNS 14335 IEC 60598-2-1 IEC 60598-2-2 IEC 60598-2-6 IEC 60598-2-23	—		
柜、桌、床边或落地的灯具（限检验交流 300V 以下之热阴极荧光灯桌上台灯）	CNS 14335 IEC 60598-2-4	—	CNS 14115	
柜、桌、床边或落地的电灯具（限检验其他柜、桌、床边或落地之灯具）	CNS 14335 IEC 60598-2-4 IEC 60598-2-6	—		

[1] IEC 60598-2 系列特殊要求标准需与通用要求标准 IEC 60598-1 同时使用；

[2] IEC 61347-2 系列特殊要求标准需与通用要求标准 IEC 61347-1 同时使用。

1.2 海湾七国

1.2.1 海湾标准化组织（GSO）

沙特阿拉伯、阿联酋、阿曼、巴林、卡塔尔和科威特6个国家于1981年5月25日在阿联酋阿布扎比成立了海湾阿拉伯国家合作委员会（GCC），简称海合会，总秘书处设在沙特首都利雅得。海合会是中东海湾地区重要的政治经济组织，宗旨是实现成员国之间在政治、经济和贸易等领域的协调与合作。

为了确保进入海湾地区市场商品的安全和质量，海合会建立了海湾标准化组织，即GSO，现成员国包括沙特阿拉伯、阿联酋、阿曼、巴林、卡塔尔、科威特和也门7个国家。目前，GSO正在积极统一七国的标准和认证程序，现已发布了统一的玩具技术法规和低电压电气设备技术法规。

1.2.1.1 照明产品市场准入要求与技术法规

<table>
<tr><th>类别</th><th>准入与法规要求</th><th>产品范围（照明）</th></tr>
<tr><td>电气安全</td><td>依据《海湾国家低压电器设备和用品的技术法规》，法规规定范围内的电器设备须符合法规要求并加贴GC标志方可进入GSO成员国销售。该法规于2016年7月1日正式实施；
法规规定的管制产品范围为交流电压介于50V~1000V，直流电压介于75V~1500V的电气设备</td><td rowspan="2">固定式灯具；可移式灯具；嵌入式灯具；水族箱灯具；电源插座安装的夜灯；地面嵌入式灯具；儿童可移式灯具；荧光灯用镇流器；放电灯（荧光灯除外）用镇流器；荧光灯用交流电子镇流器；放电灯（荧光灯除外）用直流或交流电子控制装置；LED模块用直流或交流电子控制装置</td></tr>
<tr><td>电磁兼容（EMC）</td><td>法规规定范围内的产品，适用情况下，均须符合电磁兼容的要求</td></tr>
</table>

1.2.1.2 照明产品认证要求与标志

<table>
<tr><th>类别</th><th>认证要求</th><th>认证标志</th></tr>
<tr><td>电气安全</td><td rowspan="2">制造商符合性申明</td><td rowspan="2"></td></tr>
<tr><td>电磁兼容（EMC）</td></tr>
</table>

1.2.1.3　照明产品主要地区差异与标准

<table>
<tr><th rowspan="2">产品类别</th><th colspan="4">执行标准</th></tr>
<tr><th>安全[1,2]</th><th>能效</th><th>EMC</th><th>WiFi</th></tr>
<tr><td>固定式灯具</td><td>GSO IEC 60598-2-1</td><td rowspan="12">—</td><td rowspan="12">CISPR 15
IEC 61547
IEC 61000-3-2
IEC 61000-3-3
IEC 61000-3-11
IEC 61000-3-12</td><td rowspan="12">—</td></tr>
<tr><td>可移式灯具</td><td>GSO IEC 60598-2-4</td></tr>
<tr><td>嵌入式灯具</td><td>GSO IEC 60598-2-2</td></tr>
<tr><td>水族箱灯具</td><td>GSO IEC 60598-2-11</td></tr>
<tr><td>电源插座安装的夜灯</td><td>GSO IEC 60598-2-12</td></tr>
<tr><td>地面嵌入式灯具</td><td>GSO IEC 60598-2-13</td></tr>
<tr><td>儿童用可移式灯具</td><td>IEC 60598-2-10</td></tr>
<tr><td>荧光灯用镇流器</td><td>GSO IEC 61347-2-8</td></tr>
<tr><td>放电灯（荧光灯除外）用镇流器</td><td>GSO IEC 61347-2-9</td></tr>
<tr><td>荧光灯用交流电子镇流器</td><td>GSO IEC 61347-2-3</td></tr>
<tr><td>放电灯（荧光灯除外）用直流或交流电子镇流器</td><td>GSO IEC 61347-2-12</td></tr>
<tr><td>LED 模块用直流或交流电子控制装置</td><td>GSO IEC 61347-2-13</td></tr>
<tr><td colspan="5">[1] GSO IEC 60598-2 系列特殊要求标准需与通用要求标准 GSO IEC 60598-1 同时使用；
[2] GSO IEC 61347-2 系列特殊要求标准需与通用要求标准 GSO IEC 61347-1 同时使用。</td></tr>
</table>

1.2.2　沙特阿拉伯

1.2.2.1　照明产品市场准入要求与技术法规

沙特阿拉伯作为 GSO 成员国之一，采用本章 1.2.1.1 描述的 GSO 市场准入要求与技术法规，同时须满足如下要求：

类别	准入与法规要求	产品范围
电气安全	沙特符合性认证（CoC）范围内产品均需获得 CoC 证书才能进入沙特市场销售	固定式灯具；可移式灯具；嵌入式灯具；水族箱灯具；电源插座安装的夜灯；地面嵌入式灯具；荧光灯用镇流器；放电灯（荧光灯除外）用镇流器；荧光灯用交流电子镇流器；放电灯（荧光灯除外）用直流或交流电子控制装置；LED 模块用直流或交流电子控制装置
无线通信射频（仅限 WiFi）	所有在沙特市场销售的无线及电信类产品，都需满足 CITC 的规格要求，同时申请 CITC 的型式认可，方可在市场上销售	带有无线通信模块的照明产品（仅限 2.4GHz WiFi 无线接入设备）

1.2.2.2 照明产品认证要求与标志

沙特阿拉伯作为 GSO 成员国之一，采用本章 1.2.1.2 描述的 GC 标志与认证要求，同时须满足如下要求：

类别	认证要求	认证标志
电气安全	CoC 认证模式为：型式试验 + 装船前验货； 证书单批次有效；产品须在指定检测机构测试	—
无线通信射频（仅限 WiFi）	检测 +CITC 注册	—

1.2.2.3 照明产品主要国家差异与标准

电压 /V	频率 /Hz	主要官方语言	插头 / 插座	
			类型	插头 / 插座形式
220 230	60	阿拉伯语	G 型	

产品类别	执行标准			
	安全[1,2]	能效	EMC	WiFi
固定式灯具	SASO GSO IEC 60598-2-1	—	CISPR 15 IEC 61547 IEC 61000-3-2 IEC 61000-3-3 IEC 61000-3-11 IEC 61000-3-12	ETSI EN 300 328 欧盟 RED 指令
可移式灯具	SASO GSO IEC 60598-2-4			
嵌入式灯具	SASO GSO IEC 60598-2-2			
水族箱灯具	SASO GSO IEC 60598-2-11			
电源插座安装的夜灯	SASO IEC 60598-2-12			
地面嵌入式灯具	SASO IEC 60598-2-13			
儿童用可移式灯具	IEC 60598-2-10			
荧光灯用镇流器	SASO GSO IEC 61347-2-8			
放电灯（荧光灯除外）用镇流器	SASO GSO IEC 61347-2-9			
荧光灯用交流电子镇流器	SASO IEC 61347-2-3			
放电灯（荧光灯除外）用直流或交流电子镇流器	SASO GSO IEC 61347-2-12			
LED 模块用直流或交流电子控制装置	SASO GSO IEC 61347-2-13			

[1] SASO GSO IEC 60598-2 系列特殊要求标准需与通用要求标准 SASO GSO IEC 60598-1 同时使用；

[2] SASO GSO IEC 61347-2 系列特殊要求标准需与通用要求标准 SASO GSO IEC 61347-1 同时使用。

1.2.3 巴林

1.2.3.1 照明产品市场准入要求与技术法规

巴林作为 GSO 成员国之一，采用本章 1.2.1.1 描述的 GSO 市场准入要求与技术法规。

1.2.3.2 照明产品认证要求与标志

巴林作为 GSO 成员国之一，采用本章 1.2.1.2 描述的 GC 标志与认证要求。

1.2.3.3 照明产品主要国家差异与标准

电压 /V	频率 /Hz	主要官方语言	插头 / 插座	
			类型	插头 / 插座形式
230	50	阿拉伯语	G 型	

产品类别	执行标准			
	安全[1,2]	能效	EMC	WiFi
固定式灯具	GSO IEC 60598-2-1	—	CISPR 15 IEC 61547 IEC 61000-3-2 IEC 61000-3-3 IEC 61000-3-11 IEC 61000-3-12	—
可移式灯具	GSO IEC 60598-2-4			
嵌入式灯具	GSO IEC 60598-2-2			
水族箱灯具	GSO IEC 60598-2-11			
电源插座安装的夜灯	GSO IEC 60598-2-12			
地面嵌入式灯具	GSO IEC 60598-2-13			
儿童用可移式灯具	IEC 60598-2-10			
荧光灯用镇流器	GSO IEC 61347-2-8			
放电灯（荧光灯除外）用镇流器	GSO IEC 61347-2-9			
荧光灯用交流电子镇流器	GSO IEC 61347-2-3			
放电灯（荧光灯除外）用直流或交流电子镇流器	GSO IEC 61347-2-12			
LED 模块用直流或交流电子控制装置	GSO IEC 61347-2-13			

[1] GSO IEC 60598-2 系列特殊要求标准需与通用要求标准 GSO IEC 60598-1 同时使用；
[2] GSO IEC 61347-2 系列特殊要求标准需与通用要求标准 GSO IEC 61347-1 同时使用。

1.2.4 卡塔尔

1.2.4.1 照明产品市场准入要求与技术法规

卡塔尔作为 GSO 成员国之一，采用本章 1.2.1.1 描述的 GSO 市场准入要求与技术法规。

1.2.4.2 照明产品认证要求与标志

卡塔尔作为 GSO 成员国之一，采用本章 1.2.1.2 描述的 GC 标志与认证要求。

1.2.4.3 照明产品主要国家差异与标准

电压 /V	频率 /Hz	主要官方语言	插头 / 插座	
			类型	插头 / 插座形式
240	50	阿拉伯语	D 型 G 型	

<table>
<tr><th rowspan="2">产品类别</th><th colspan="4">执行标准</th></tr>
<tr><th>安全[1, 2]</th><th>能效</th><th>EMC</th><th>WiFi</th></tr>
<tr><td>固定式灯具</td><td>GSO IEC 60598-2-1</td><td rowspan="12">—</td><td rowspan="12">CISPR 15
IEC 61547
IEC 61000-3-2
IEC 61000-3-3
IEC 61000-3-11
IEC 61000-3-12</td><td rowspan="12">ETSI EN 300 328
欧盟 RED 指令</td></tr>
<tr><td>可移式灯具</td><td>GSO IEC 60598-2-4</td></tr>
<tr><td>嵌入式灯具</td><td>GSO IEC 60598-2-2</td></tr>
<tr><td>水族箱灯具</td><td>GSO IEC 60598-2-11</td></tr>
<tr><td>电源插座安装的夜灯</td><td>GSO IEC 60598-2-12</td></tr>
<tr><td>地面嵌入式灯具</td><td>GSO IEC 60598-2-13</td></tr>
<tr><td>儿童用可移式灯具</td><td>IEC 60598-2-10</td></tr>
<tr><td>荧光灯用镇流器</td><td>GSO IEC 61347-2-8</td></tr>
<tr><td>放电灯（荧光灯除外）用镇流器</td><td>GSO IEC 61347-2-9</td></tr>
<tr><td>荧光灯用交流电子镇流器</td><td>GSO IEC 61347-2-3</td></tr>
<tr><td>放电灯（荧光灯除外）用直流或交流电子镇流器</td><td>GSO IEC 61347-2-12</td></tr>
<tr><td>LED 模块用直流或交流电子控制装置</td><td>GSO IEC 61347-2-13</td></tr>
<tr><td colspan="5">[1] GSO IEC 60598-2 系列特殊要求标准需与通用要求标准 GSO IEC 60598-1 同时使用；
[2] GSO IEC 61347-2 系列特殊要求标准需与通用要求标准 GSO IEC 61347-1 同时使用。</td></tr>
</table>

1.2.5 阿拉伯联合酋长国

1.2.5.1 照明产品市场准入要求与技术法规

阿拉伯联合酋长国作为 GSO 成员国之一，采用本章 1.2.1.1 描述的 GSO 市场准入要求与技术法规，同时须满足如下要求：

类别	准入与法规要求	产品范围（照明）
电气安全	阿联酋标准与计量局对进口到阿联酋市场的产品实施阿联酋符合性认证计划，即 ECAS 计划； 计划范围内的产品须在 ESMA 注册，获得 ECAS 证书，加贴 ECAS 安全标志，方可进入市场销售	固定式灯具；可移式灯具；嵌入式灯具；水族箱灯具；电源插座安装的夜灯；地面嵌入式灯具；儿童可移式灯具；荧光灯用镇流器；放电灯（荧光灯除外）用镇流器；荧光灯用交流电子镇流器；放电灯（荧光灯除外）用直流或交流电子控制装置；LED 模块用直流或交流电子控制装置

1.2.5.2 照明产品认证要求与标志

阿拉伯联合酋长国作为 GSO 成员国之一，采用本章 1.2.1.2 描述的 GC 标志与认证要求，同时须满足如下要求：

类别	认证要求	认证标志
电气安全	型式试验 + 注册证书 + 获证后监督； 产品须在指定检测机构进行测试； 须由本地代表持证	

1.2.5.3 照明产品主要国家差异与标准

电压 /V	频率 /Hz	主要官方语言	插头 / 插座	
			类型	插头 / 插座形式
220	50	阿拉伯语	C 型 D 型 G 型	

产品类别	执行标准			
	安全[1,2]	能效	EMC	WiFi
固定式灯具	GSO IEC 60598-2-1	—	CISPR 15 IEC 61547 IEC 61000-3-2 IEC 61000-3-3 IEC 61000-3-11 IEC 61000-3-12	ETSI EN 300 328 欧盟 RED 指令
可移式灯具	GSO IEC 60598-2-4			
嵌入式灯具	GSO IEC 60598-2-2			
水族箱灯具	GSO IEC 60598-2-11			
电源插座安装的夜灯	GSO IEC 60598-2-12			
地面嵌入式灯具	GSO IEC 60598-2-13			
儿童用可移式灯具	IEC 60598-2-10			
荧光灯用镇流器	GSO IEC 61347-2-8			
放电灯（荧光灯除外）用镇流器	GSO IEC 61347-2-9			
荧光灯用交流电子镇流器	GSO IEC 61347-2-3			
放电灯（荧光灯除外）用直流或交流电子镇流器	GSO IEC 61347-2-12			
LED 模块用直流或交流电子控制装置	GSO IEC 61347-2-13			
[1] GSO IEC 60598-2 系列特殊要求标准需与通用要求标准 GSO IEC 60598-1 同时使用； [2] GSO IEC 61347-2 系列特殊要求标准需与通用要求标准 GSO IEC 61347-1 同时使用。				

1.2.6 阿曼

1.2.6.1 照明产品市场准入要求与技术法规

阿曼作为 GSO 成员国之一，采用本章 1.2.1.1 描述的 GSO 市场准入要求与技术法规，同时须满足如下要求：

类别	准入与法规要求	产品范围（照明）
无线通信射频（仅限 WiFi）	范围内产品须向阿曼电信管理局请型号核准证书方可进入市场销售	带有无线通信模块的照明产品（仅限 2.4GHz WiFi 无线接入设备）

1.2.6.2 照明产品认证要求与标志

阿曼作为 GSO 成员国之一，采用本章 1.2.1.2 描述的 GC 标志与认证要求，同时须满足如下要求：

类别	认证要求	认证标志
无线通信射频（仅限 WiFi）	型式试验 + 注册	—

1.2.6.3　照明产品主要国家差异与标准

电压 /V	频率 /Hz	主要官方语言	插头 / 插座	
			类型	插头 / 插座形式
240	50	阿拉伯语	C 型 G 型	

产品类别	执行标准			
	安全[1, 2]	能效	EMC	WiFi
固定式灯具	GSO IEC 60598-2-1	—	CISPR 15 IEC 61547 IEC 61000-3-2 IEC 61000-3-3 IEC 61000-3-11 IEC 61000-3-12	ETSI EN 300 328 欧盟 RED 指令
可移式灯具	GSO IEC 60598-2-4			
嵌入式灯具	GSO IEC 60598-2-2			
水族箱灯具	GSO IEC 60598-2-11			
电源插座安装的夜灯	GSO IEC 60598-2-12			
地面嵌入式灯具	GSO IEC 60598-2-13			
儿童用可移式灯具	IEC 60598-2-10			
荧光灯用镇流器	GSO IEC 61347-2-8			
放电灯（荧光灯除外）用镇流器	GSO IEC 61347-2-9			
荧光灯用交流电子镇流器	GSO IEC 61347-2-3			
放电灯（荧光灯除外）用直流或交流电子镇流器	GSO IEC 61347-2-12			
LED 模块用直流或交流电子控制装置	GSO IEC 61347-2-13			
[1] GSO IEC 60598-2 系列特殊要求标准需与通用要求标准 GSO IEC 60598-1 同时使用； [2] GSO IEC 61347-2 系列特殊要求标准需与通用要求标准 GSO IEC 61347-1 同时使用。				

1.2.7　也门

1.2.7.1

也门作为 GSO 成员国之一，采用本章 1.2.1.1 描述的 GSO 市场准入要求与技术法规。

1.2.7.2 照明产品认证要求与标志

也门作为 GSO 成员国之一，采用本章 1.2.1.2 描述的 GC 标志与认证要求。

1.2.7.3 照明产品认证要求与标准

电压 /V	频率 /Hz	主要官方语言	插头 / 插座	
			类型	插头 / 插座形式
230	50	阿拉伯语	A 型 D 型 G 型	

产品类别	执行标准			
	安全[1,2]	能效	EMC	WiFi
固定式灯具	GSO IEC 60598-2-1	—	CISPR 15 IEC 61547 IEC 61000-3-2 IEC 61000-3-3 IEC 61000-3-11 IEC 61000-3-12	ETSI EN 300 328 欧盟 RED 指令
可移式灯具	GSO IEC 60598-2-4			
嵌入式灯具	GSO IEC 60598-2-2			
水族箱灯具	GSO IEC 60598-2-11			
电源插座安装的夜灯	GSO IEC 60598-2-12			
地面嵌入式灯具	GSO IEC 60598-2-13			
儿童用可移式灯具	IEC 60598-2-10			
荧光灯用镇流器	GSO IEC 61347-2-8			
放电灯（荧光灯除外）用镇流器	GSO IEC 61347-2-9			
荧光灯用交流电子镇流器	GSO IEC 61347-2-3			
放电灯（荧光灯除外）用直流或交流电子镇流器	GSO IEC 61347-2-12			
LED 模块用直流或交流电子控制装置	GSO IEC 61347-2-13			

[1] GSO IEC 60598-2 系列特殊要求标准需与通用要求标准 GSO IEC 60598-1 同时使用；

[2] GSO IEC 61347-2 系列特殊要求标准需与通用要求标准 GSO IEC 61347-1 同时使用。

1.2.8 科威特

1.2.8.1 照明产品市场准入要求与技术法规

科威特作为 GSO 成员国之一，采用本章 1.2.1.1 描述的 GSO 市场准入要求与技术法规。

1.2.8.2　照明产品认证要求与标志

科威特作为 GSO 成员国之一，采用本章 1.2.1.2 描述的 GC 标志与认证要求。

1.2.8.3　照明产品认证要求与标准

电压 /V	频率 /Hz	主要官方语言	插头 / 插座	
			类型	插头 / 插座形式
240	50	阿拉伯语	C 型 D 型 G 型	

产品类别	执行标准			
	安全[1,2]	能效	EMC	WiFi
固定式灯具	GSO IEC 60598-2-1	—	CISPR 15 IEC 61547 IEC 61000-3-2 IEC 61000-3-3 IEC 61000-3-11 IEC 61000-3-12	ETSI EN 300 328 欧盟 RED 指令
可移式灯具	GSO IEC 60598-2-4			
嵌入式灯具	GSO IEC 60598-2-2			
水族箱灯具	GSO IEC 60598-2-11			
电源插座安装的夜灯	GSO IEC 60598-2-12			
地面嵌入式灯具	GSO IEC 60598-2-13			
儿童用可移式灯具	IEC 60598-2-10			
荧光灯用镇流器	GSO IEC 61347-2-8			
放电灯（荧光灯除外）用镇流器	GSO IEC 61347-2-9			
荧光灯用交流电子镇流器	GSO IEC 61347-2-3			
放电灯（荧光灯除外）用直流或交流电子镇流器	GSO IEC 61347-2-12			
LED 模块用直流或交流电子控制装置	GSO IEC 61347-2-13			
[1] GSO IEC 60598-2 系列特殊要求标准需与通用要求标准 GSO IEC 60598-1 同时使用； [2] GSO IEC 61347-2 系列特殊要求标准需与通用要求标准 GSO IEC 61347-1 同时使用。				

1.3 其他国家

1.3.1 蒙古

1.3.1.1 照明产品市场准入要求与技术法规

类别	准入与法规要求	产品范围（照明）
电气安全	产品须满足相关标准要求，如 IEC/EN 标准，方可进入市场销售	所有照明产品
电磁兼容（EMC）	产品须满足相关标准要求，如 IEC/EN 标准，方可进入市场销售	所有照明产品
无线通信射频（仅限 WiFi）	对无线通信设备实施型式认证要求，在蒙古境内销售的无线通信设备须取得蒙古通信监管委员会型式认证证书	带有无线通信模块的照明产品（仅限 2.4GHz WiFi 无线接入设备）

1.3.1.2 照明产品认证要求与标志

类别	认证要求	认证标志
电气安全	依据国际相关标准进行检测	—
电磁兼容（EMC）	依据国际相关标准进行检测	—
无线通信射频（仅限 WiFi）	须在指定检测机构测试并申请型号核准；须由本地代表持证	—

1.3.1.3 照明产品主要国家差异与标准

电压 /V	频率 /Hz	主要官方语言	插头 / 插座	
			类型	插头 / 插座形式
220	50	蒙古语	C 型 E 型	

产品类别	执行标准			
	安全[1, 2]	能效	EMC	WiFi
固定式通用灯具	IEC 60598-2-1	—	CISPR 15 IEC 61547 IEC 61000-3-2 IEC 61000-3-3 IEC 61000-3-11 IEC 61000-3-12	ETSI EN 300 328 欧盟 RED 指令
可移式通用灯具	IEC 60598-2-4	—		
嵌入式灯具	IEC 60598-2-2	—		
水族箱灯具	IEC 60598-2-11	—		
电源插座安装的夜灯	IEC 60598-2-12	—		
地面嵌入式灯具	IEC 60598-2-13	—		
儿童用可移式灯具	IEC 60598-2-10	—		
荧光灯用镇流器	IEC 61347-2-8	—		
放电灯（荧光灯除外）用镇流器	IEC 61347-2-9	—		
荧光灯用交流电子镇流器	IEC 61347-2-3	—		
放电灯（荧光灯除外）用直流或交流电子镇流器	IEC 61347-2-12	—		
LED 模块用直流或交流电子控制装置	IEC 61347-2-13	—		

[1] IEC 60598-2 系列特殊要求标准需与通用要求标准 IEC 60598-1 同时使用；
[2] IEC 61347-2 系列特殊要求标准需与通用要求标准 IEC 61347-1 同时使用。

1.3.2　朝鲜

1.3.2.1　照明产品主要国家差异与标准

电压 /V	频率 /Hz	主要官方语言	插头 / 插座	
			类型	插头 / 插座形式
220 110	50 60	朝鲜语	A 型 C 型 F 型	

1.3.3 韩国

1.3.3.1 照明产品市场准入要求与技术法规

<table>
<tr><th>类别</th><th>准入与法规要求</th><th>产品范围</th></tr>
<tr><td>电气安全</td><td>依据《电器用品安全管理法》，KC 认证目录内的电子电器产品须获得 KC 认证证书并加贴 KC 标志方可进入市场销售</td><td rowspan="2">荧光灯具、PSL 照明设备、白炽灯具、台灯、LED 灯具、卤素灯具、高压放电灯设备（150W 以下）、灯具电感镇流器、灯具电子镇流器</td></tr>
<tr><td>电磁兼容（EMC）</td><td>KC 认证目录涵盖的照明产品须满足电磁兼容要求并获取 MSIP 证书</td></tr>
<tr><td>能效</td><td>部分家电产品须满足最低能源性能标准（MEPS）要求并加贴能效等级标签</td><td>荧光灯用镇流器</td></tr>
<tr><td>无线通信射频（仅限 WiFi）</td><td>无线通信设备需要获取 MSIP 认证证书</td><td>带有无线通信模块的照明产品（仅限 2.4GHz WiFi 无线接入设备）</td></tr>
</table>

1.3.3.2 照明产品认证要求与标志

类别	认证要求	认证标志
电气安全	KC 认证模式根据产品风险高低分为安全认证、安全确认和符合性声明三种模式； 安全认证的模式为型式试验 + 工厂审查 + 获证后监督； 安全确认的模式为型式试验； 符合性声明由制造商 / 进口商自我实施； 安全认证模式持证人必须为工厂； 产品须在指定的检测机构测试； 符合要求的产品须加贴认证标志	
电磁兼容（EMC）	KC 认证目录内带电子线路的照明产品须申请韩国 MSIP 认证； 产品须在指定的检测机构测试； 符合要求的产品须加贴认证标志	
能效	MEPS 覆盖产品须满足最低能效基准并加贴能效等级标识； 产品须在指定实验室测试； 测试报告须由韩国当地的代理 / 进口商在 KEMCO 官方注册登记	
无线通信射频（仅限 WiFi）	根据产品的不同类别，MSIP 认证分为：符合性认证（无线通讯设备）、符合性注册（电器用品）和暂定认证（针对暂时没有标准的器材）三种认证模式； 产品须在指定检测机构测试	

1.3.3.3　照明产品主要国家差异与标准

电压 /V	频率 /Hz	主要官方语言	插头 / 插座	
			类型	插头 / 插座形式
220	60	韩语	A 型 C 型 F 型	

产品类别	执行标准			
	安全[1,2]	能效	EMC	WiFi
荧光灯具	KC 60598-2-1（固定式） KC 60598-2-2（嵌入式） KC 60598-2-4（移动式）	—	KN 15 KN 61547	韩国无线电规范
PSL 照明设备	KC 60598-2-1（固定式） KC 60598-2-2（嵌入式） KC 60598-2-4（移动式）	—		
白炽灯具，台灯	KC 60598-2-1（固定式） KC 60598-2-2（嵌入式） KC 60598-2-4（移动式）	—		
LED 灯具	KC 60598-2-1（固定式） KC 60598-2-2（嵌入式） KC 60598-2-4（移动式）	—		
卤素灯具	KC 60598-2-1（固定式） KC 60598-2-2（嵌入式） KC 60598-2-4（移动式）	—		
高压放电灯设备（150W 以下）	KC 60598-2-1（固定式） KC 60598-2-2（嵌入式） KC 60598-2-4（移动式）	—		
灯具电感镇流器	KC 61347-2-8 KC 61347-2-9 KC 60923 KC 60921	—		
灯具电子镇流器	KC 61347-2-12 KC 61347-2-3 KC 60929	荧光灯用镇流器 KSC 81021		

[1] KC 60598-2 系列特殊要求标准需与通用要求标准 KC 60598-1 同时使用；
[2] KC 61347-2 系列特殊要求标准需与通用要求标准 KC 61347-1 同时使用。

1.3.4 日本

1.3.4.1 照明产品市场准入要求与技术法规

类别	准入与法规要求	产品范围
电气安全	依据《电器产品安全法》，法规规定的 10 大类特定电气产品，12 大类非特定电气产品，均须加贴 PSE 认证标志方可进入市场； 其中特定电气用品须经制定认证机构认证并加贴 PSE 菱形标志； 非特定电气产品须加贴于 PSE 圆形标志	特定电气用品： 荧光灯用安定器 水银灯用安定器及其他高压放电灯用安定器 直流电源装置 非特定电气用品： 台灯 家用荧光吊灯 花园灯 其他白热灯具 其他放电灯具
电磁兼容（EMC）	在适用的情况下，PSE 认证产品目录范围内的产品需要符合电磁兼容（EMC）要求并通过检测认证	
无线通信射频（仅限 WiFi）	日本针对无线设备实施强制性认证 TELEC（MIC 认证）	带有无线通信模块的照明产品（仅限 2.4GHz WiFi 无线接入设备）

1.3.4.2 照明产品认证要求与标志

类别	认证要求	认证标志
电气安全	PSE 菱形认证目录内产品认证模式为型式试验 + 工厂审查，产品须在指定检测机构测试； PSE 圆形认证目录内产品企业可通过自我检测或第三方认证机构检测的模式声明符合电安法要求	
电磁兼容（EMC）		
无线通信射频（仅限 WiFi）	产品须在指定检测机构测试	

1.3.4.3 照明产品主要国家差异与标准

电压 /V	频率 /Hz	主要官方语言	插头 / 插座	
			类型	插头 / 插座形式
100	50 60	日语	A 型 B 型	

<table>
<tr><th rowspan="2">产品类别</th><th colspan="4">执行标准</th></tr>
<tr><th>安全[1, 2]</th><th>能效</th><th>EMC</th><th>WiFi</th></tr>
<tr><td>台灯</td><td>J60598-2-4</td><td>—</td><td rowspan="9">电气用品技术基准省令第 1 项第 7 章</td><td rowspan="9">针对 WiFi（b.g.n）增加的测试标准和要求 MIC：
RF（射频）部分：
（2.4 GHZ WiFi）Item 19 of Article 2-1
（2.4 GHZ 非 WiFi）Item 19 of Article 2-1</td></tr>
<tr><td>家用荧光吊灯</td><td>J60598-2-1</td><td>—</td></tr>
<tr><td>花园灯</td><td>J60598-2-1</td><td>—</td></tr>
<tr><td>其他白热灯具</td><td>J60598-2-1
J60598-2-2
J60598-2-4
J60598-2-11
J60598-2-12
J60598-2-13</td><td>—</td></tr>
<tr><td>其他放电灯具</td><td>J60598-2-1
J60598-2-2
J60598-2-4
J60598-2-11
J60598-2-12
J60598-2-13</td><td>—</td></tr>
<tr><td>荧光灯用安定器</td><td>J61347-2-8
J61347-2-3</td><td>—</td></tr>
<tr><td>水银灯用安定器及其他高压放电灯用安定器</td><td>J61347-2-9
J61347-2-12</td><td>—</td></tr>
<tr><td>直流电源装置</td><td>J61347-2-13</td><td>—</td></tr>
<tr><td colspan="5">[1] J60598-2 系列特殊要求标准需与通用要求标准 J60598-1 同时使用；
[2] J61347-2 系列特殊要求标准需与通用要求标准 J61347-1 同时使用。</td></tr>
</table>

1.3.5　越南

1.3.5.1　照明产品市场准入要求与技术法规

类别	准入与法规要求	产品范围（照明）
能效	越南政府对部分照明产品强制实施能效标签及最低能效要求	荧光灯用电感和电子镇流器
无线通信射频（仅限 WiFi）	越南信息通讯部（MIC）对进入越南市场销售的无线通信类产品要求符合相关要求并获取许可证书，方可进入市场销售	带有无线通信模块的照明产品（仅限 2.4GHz WiFi 无线接入设备）

1.3.5.2 照明产品认证要求与标志

类别	认证要求	认证标志
能效	须在指定检测机构测试； 须由本地代表持证	
无线通信射频 （仅限 WiFi）	须在指定检测机构测试； 须由本地代表持证	

1.3.5.3 照明产品主要国家差异与标准

电压 /V	频率 /Hz	主要官方语言	插头 / 插座	
			类型	插头 / 插座形式
220	50	越南语	A 型 C 型 F 型	

产品类别	执行标准			
	安全	能效	EMC	WiFi
荧光灯用电感和电子镇流器	—	电感镇流器：TCVN 8248：2009 电子镇流器：TCVN 7897：2008	—	QCVN 18 QCVN 54 QCVN 65

1.3.6 老挝

1.3.6.1 照明产品市场准入要求与技术法规

类别	准入与法规要求	产品范围（照明）
无线通信射频 （仅限 WiFi）	无线通信类产品进入老挝市场，须取得进口许可证；	带有无线通信模块的照明产品 （仅限 2.4GHz WiFi 无线接入设备）

1.3.6.2 照明产品认证要求与标志

类别	认证要求	认证标志
无线通信射频 （仅限 WiFi）	产品须在指定检测机构测试； 须由本地代表注册持证；	—

1.3.6.3　照明产品主要国家差异与标准

电压 /V	频率 /Hz	主要官方语言	插头 / 插座	
			类型	插头 / 插座形式
230	50	老挝语	A 型 B 型 C 型 E 型 F 型	

产品类别	执行标准			
	安全	能效	EMC	WiFi
带有无线通信模块的照明产品（仅限 2.4GHz WiFi 无线接入设备）	—	—	—	ETSI EN 300 328 欧盟 RED 指令

1.3.7　柬埔寨

1.3.7.1　照明产品市场准入要求与技术法规

类别	准入与法规要求	产品范围（照明）
电气安全	柬埔寨标准局（ISC）针对强制性标准范围内产品实施强制产品认证要求，管制类产品须取得 ISC 安全认证证书，并加贴认证标志，方可进入柬埔寨市场	电子灯
无线通信射频（仅限 WiFi）	无线通讯（WiFi）设备须向柬埔寨邮电和电信部（MPTC）申请认证证书，方可进入市场销售	带有无线通信模块的照明产品（仅限 2.4GHz WiFi 无线接入设备）

1.3.7.2　照明产品认证要求与标志

类别	认证要求	认证标志
电气安全	型式试验 + 工厂检查； 产品须在指定检测机构测试； 对于进口产品，可提供有效的 CB 报告 +CB 证书申请，无须工厂检查	
无线通信射频（仅限 WiFi）	依据相关国际标准测试； 须由本地代表持证	无

1.3.7.3 照明产品主要国家差异与标准

电压 /V	频率 /Hz	主要官方语言	插头 / 插座	
			类型	插头 / 插座形式
230	50	高棉语	A 型 C 型 G 型	

产品类别	执行标准			
	安全	能效	EMC	WiFi
电子灯	CS 0034（IEC 60598-1） CS 0035（IEC 60598-2-4） CS 006（IEC 60064） CS 025（IEC 60432-1） CS 008（IEC 60081） CS 0027（IEC 60968） CS 0036（IEC 60598-2-8）	—	—	ETSI EN 300 328 欧盟 RED 指令

1.3.8 文莱

1.3.8.1 照明产品市场准入要求与技术法规

类别	准入与法规要求	产品范围（照明）
无线通信射频（仅限 WiFi）	进入文莱销售的无线通讯设备须取得文莱信息通信技术产品管理局（AITI）的型式认可证书； 获得证书后，需要申请进口许可证方可入关，产品上须标有 AITI 标识	带有无线通信模块的照明产品（仅限 2.4GHz WiFi 无线接入设备）

1.3.8.2 照明产品认证要求与标志

类别	认证要求	认证标志
无线通信射频（仅限 WiFi）	依据相关国际标准测试； 须由本地代表持证	AITI

1.3.8.3 照明产品主要国家差异与标准

电压 /V	频率 /Hz	主要官方语言	插头 / 插座	
			类型	插头 / 插座形式
240	50	马来语	G 型	

产品类别	执行标准			
	安全	能效	EMC	WiFi
带有无线通信模块的照明产品（仅限 2.4GHz WiFi 无线接入设备）	—	—	—	ETSI EN 300 328 欧盟 RED 指令

1.3.9 缅甸

1.3.9.1 照明产品主要国家差异与标准

电压 /V	频率 /Hz	主要官方语言	插头 / 插座	
			类型	插头 / 插座形式
230	50	缅甸语	C 型 D 型 F 型 G 型	

1.3.10 泰国

1.3.10.1 照明产品市场准入要求与技术法规

类别	准入与法规要求	产品范围（照明）
电气安全	依据泰国《工业产品标准法》，强制认证目录内的产品须获得 TISI 认证证书并加贴认证标志方可进入市场销售	荧光灯用镇流器
能效	泰国对部分照明产品实施强制加贴能效标签要求	管形荧光灯用镇流器
无线通信射频（仅限 WiFi）	所有无线和通信产品在进入泰国市场销售前须取得泰国国家通讯委员会 NTC 的许可并加贴认证标志	带有无线通信模块的照明产品（仅限 2.4GHz WiFi 无线接入设备）

1.3.10.2 照明产品认证要求与标志

类别	认证要求	认证标志
电气安全	型式试验 + 工厂审查 + 获证后监督； 产品须在指定检测机构测试； 须由本地代表持证	
能效	产品须在指定检测机构测试； 须由本地代表持证	
无线通信射频（仅限 WiFi）	NTC 认证模式有三种： 模式一　在指定检测机构完成测试后提供测试报告申请许可； 模式二　提供已有的测试报告申请许可，如 FCC、R&TTE 报告； 模式三　由泰国当地代表提供自我符合性声明至 NTC 备案； 须由本地代表持证	

1.3.10.3 照明产品主要国家差异与标准

电压 /V	频率 /Hz	主要官方语言	插头 / 插座	
			类型	插头 / 插座形式
220	50	泰语	C 型	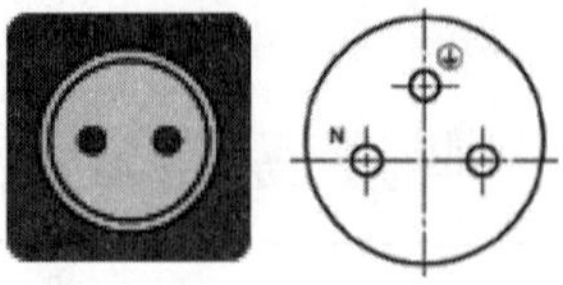

产品类别	执行标准			
	安全	能效	EMC	WiFi
荧光灯用镇流器	TIS 23-2558	—	—	ETSI EN 300 328 欧盟 RED 指令
管形荧光灯用镇流器	—	TIS 2337-2557		

1.3.11　马来西亚

1.3.11.1　照明产品市场准入要求与技术法规

类别	准入与法规要求	产品范围（照明）
电气安全	依据《电器设备供应法（1990）》和《电气设备规范管理条路（1994）》，强制认证目录内的产品须获得马来西亚符合性认证证书（CoA）并加贴SIRIM认证标签，方可进入市场销售	固定式通用灯具（不含灯管/灯泡）、嵌入式灯具（不含灯管/灯泡）、用于直流250V或交流1000V的通用LED灯控制装置、灯控制装置、管状荧光灯用镇流器、荧光灯用交流电子镇流器、可移式灯具
电磁兼容（EMC）	部分强制目录内产品须满足EMC要求	荧光灯用交流电子镇流器
无线通信射频（仅限WiFi）	依据《通讯与多媒体法》，无线通信设备在进入市场销售前须取得符合性认证证书（SIRIM认证证书）	带有无线通信模块的照明产品（仅限2.4GHz WiFi无线接入设备）

1.3.11.2　照明产品认证要求与标志

类别	认证要求	认证标志
电气安全	CoA的认证模式： 模式一　到港后抽检； 模式二　到港前测试+工厂审查； 产品须在ST指定实验室进行测试； 采用模式一认证的产品加贴批次标签（BTS）； 采用模式二认证的产品加贴认证标签（PCS）； 须由本地代表持证	SIRIM MS ST FE123456789　BATCH SIRIM MS ST FE123456789
电磁兼容（EMC）	部分强制目录内产品在申请COA时须同时满足EMC要求	SIRIM MS ST FE123456789　BATCH SIRIM MS ST FE123456789
无线通信射频（仅限WiFi）	产品须在有资质的检测机构进行测试； 测试完成后依据报告提交注册申请； 取得证书后，须加贴SIRIM CM标志； 须由本地代表持证	CM SIRIM

1.3.11.3　照明产品主要国家差异与标准

电压/V	频率/Hz	主要官方语言	插头/插座	
			类型	插头/插座形式
240	50	马来语	G型	

产品类别	执行标准			
	安全[1, 2]	能效	EMC	WiFi
固定式通用灯具（不含灯管 / 灯泡）	MS IEC 60598-2-1	—	—	ETSI EN 300 328 欧盟 RED 指令
嵌入式灯具（不含灯管 / 灯泡）	MS IEC 60598-2-2	—	—	
用于直流 250V 或交流 1000V 的通用 LED 灯控制装置	MS IEC 61347-2-13	—	—	
灯控制装置	MS IEC 61347-1	—	—	
管状荧光灯用镇流器	MS IEC 61347-2-8 MS IEC 60921 MS 1778-1 MS 1778-2	—	—	
荧光灯用交流电子镇流器	MS IEC 61347-2-3 MS IEC 60929 MS IEC 61000-3-2	—	MS IEC 61000-3-2	
可移式灯具	MS IEC 60598-1 MS IEC 60598-2-4	—	—	

[1] MS IEC 60598-2 系列特殊要求标准需与通用要求标准 MS IEC 60598-1 同时使用；
[2] MS IEC 61347-2 系列特殊要求标准需与通用要求标准 MS IEC 61347-1 同时使用。

1.3.12 新加坡

1.3.12.1 照明产品市场准入要求与技术法规

类别	准入与法规要求	产品范围（照明）
电气安全	依据《消费者保护（安全要求）法规 2002》，新加坡计划目录内的产品须获得新加坡安全认证证书（CoC），并进行注册、加贴安全认证标志方可进入市场销售	台灯，落地灯
无线通信射频（仅限 WiFi）	依据《电信法 Cap.323》《通讯与多媒体法》，所有无线通讯产品在进入市场销售前须取得新加坡资讯通信发展管理局（IDA）的许可证	带有无线通信模块的照明产品（仅限 2.4GHz WiFi 无线接入设备）

1.3.12.2 照明产品认证要求与标志

类别	认证要求	认证标志
电气安全	须在指定检测机构测试； 取得安全认证证书 CoC 后，须递交 Spring 进行注册，产品每一个型号都要注册； 注册成功后，会获得认证证书确认信（LOA），即可加贴安全标志； 须由本地代表持证	SAFETY MARK XXYYYYY-ZZ
无线通信射频（仅限 WiFi）	产品须在指定检测机构测试； 测试完成，报告提交新加坡资讯通信发展管理局 IDA 注册； 须由本地代表持证	—

1.3.12.3 照明产品主要国家差异与标准

电压 /V	频率 /Hz	主要官方语言	插头 / 插座	
			类型	插头 / 插座形式
230	50	马来语、华语、英语	C 型 G 型 M 型	

产品类别	执行标准			
	安全	能效	EMC	WiFi
台灯，落地灯	IEC 60598-2-4 IEC 60598-1	—	—	ETSI EN 300 328 欧盟 RED 指令

1.3.13 菲律宾

1.3.13.1 照明产品市场准入要求与技术法规

类别	准入与法规要求	产品范围（照明）
电气安全	部分照明产品须申请菲律宾标准质量和安全认证标志证书（PS）或批次认证证书（ICC）方可进入市场销售	预热 / 电感镇流器 电子镇流器
能效	菲律宾能效标准和标签计划（PESLP）要求产品要强制加贴能效标签、满足最低能效要求（MEP）及特殊产品要求中的其他性能要求，方可进入市场销售	灯镇流器
无线通信射频（仅限 WiFi）	无线电通信设备需要由 NTC 认可，加贴 NTC 标识	带有无线通信模块的照明产品（仅限 2.4GHz WiFi 无线接入设备）

1.3.13.2 照明产品认证要求与标志

类别	认证要求	认证标志
电气安全	须在 BPS 认可的检测机构测试； PS 的认证模式为型式试验 + 工厂检查 + 获证后监督，证书三年有效； ICC 的认证模式为批次认证，证书批次有效； 须由本地代表持证	
能效	产品须在指定检测机构测试； 须由本地代表持证	
无线通信射频（仅限 WiFi）	产品须在指定检测机构测试； 须由本地代表持证	—

1.3.13.3 照明产品主要国家差异与标准

电压 /V	频率 /Hz	主要官方语言	插头 / 插座	
			类型	插头 / 插座形式
220	60	菲律宾语、英语	A 型 B 型 C 型	

产品类别	执行标准			
	安全 [1]	能效	EMC	WiFi
预热 / 电感镇流器	PNS IEC 61347-2-8	PNS 2050-4	—	ETSI EN 300 328 欧盟 RED 指令
电子镇流器	PNS IEC 61347-2-3		—	

[1] PNS IEC 61347-2 系列特殊要求标准需与通用要求标准 PNS IEC 61347-1 同时使用。

1.3.14　印度尼西亚

1.3.14.1　照明产品市场准入要求与技术法规

类别	准入与法规要求	产品范围（照明）
电气安全	印度尼西亚国家强制标准（SNI 标准）范围内产品须取得 SNI 标志认证证书，并加贴 SNI 认证标志方可进入印度尼西亚市场销售	荧光灯用交流电子镇流器、固定式灯具、嵌入式灯具
无线通信射频（仅限 WiFi）	进入印度尼西亚的无线产品，必须通过印度尼西亚 SDPPI 的型式认证以及海关检验，并加贴 SDPPI 标签	带有无线通信模块的照明产品（仅限 2.4GHz WiFi 无线接入设备）

1.3.14.2　照明产品认证要求与标志

类别	认证要求	认证标志
电气安全	型式试验 + 工厂审查 + 获证后跟踪检查； 产品商标须在印度尼西亚注册； 产品须在指定检测机构测试； 须由本地代表持证	SNI
无线通信射频（仅限 WiFi）	产品须在指定检测机构测试； 须由本地代表持证	[Certificate No.] [PLG. ID No.]

1.3.14.3　照明产品主要国家差异与标准

电压 /V	频率 /Hz	主要官方语言	插头 / 插座	
			类型	插头 / 插座形式
220 110	50	印尼语	C 型 F 型	

产品类别	执行标准			
	安全[1, 2]	能效	EMC	WiFi
荧光灯用交流电子镇流器	SNI 04-6959.2.3 （IEC 61347-2-3）	—	—	058 DIRJEN/1998
固定式灯具	SNI 4-6973.2.1 （IEC 60598-2-1）	—	—	
嵌入式灯具	SNI 4-6973.2.2 （IEC 60598-2-2）	—	—	

[1] SNI 4-6973.2 系列特殊要求标准需与通用要求标准 SNI 4-6973.1 同时使用；

[2] SNI 04-6959.2 系列特殊要求标准需与通用要求标准 SNI 04-6959.1 同时使用。

1.3.15 东帝汶

照明产品主要国家机构与差异

电压 /V	频率 /Hz	主要官方语言	插头 / 插座	
			类型	插头 / 插座形式
220	50	德顿语、葡萄牙语	C 型 E 型 F 型 I 型	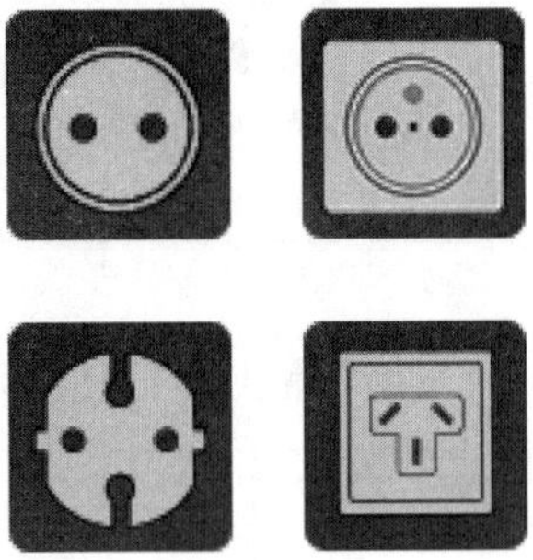

1.3.16 尼泊尔

1.3.16.1 照明产品市场准入要求与技术法规

类别	准入与法规要求	产品范围（照明）
无线通信射频（仅限 WiFi）	无线电通信设备需取得尼泊尔信息通信部的形式认可，方可进入市场销售	带有无线通信模块的照明产品（仅限 2.4GHz WiFi 无线接入设备）

1.3.16.2 照明产品认证要求与标志

类别	认证要求	认证标志
无线通信射频（仅限 WiFi）	依据相关国家标准测试； 递交尼泊尔信息通信部或其授信认证机构 / 检测机构审核后发证	—

1.3.16.3 照明产品主要国家差异与标准

电压 /V	频率 /Hz	主要官方语言	插头 / 插座	
			类型	插头 / 插座形式
230	50	尼泊尔语	C 型 D 型 M 型	

产品类别	执行标准			
	安全	能效	EMC	WiFi
照明产品	—	—	—	ETSI EN 300 328 欧盟 RED 指令

1.3.17 不丹

1.3.17.1 照明产品市场准入要求与技术法规

类别	准入与法规要求	产品范围（照明）
电气安全	不丹标准局管制范围内产品须符合不丹产品认证计划要求，取得认证证书并加贴认证标识后可进入市场销售	固定式灯具；可移式灯具；嵌入式灯具；水族箱灯具；电源插座安装的夜灯；地面嵌入式灯具；儿童可移式灯具；荧光灯用镇流器；放电灯（荧光灯除外）用镇流器；荧光灯用交流电子镇流器；放电灯（荧光灯除外）用直流或交流电子控制装置；LED 模块用直流或交流电子控制装置

1.3.17.2 照明产品认证要求与标志

类别	认证要求	认证标志
电气安全	型式试验 + 工厂检查 + 获证后跟踪检查； 产品须在指定检测机构测试	

1.3.17.3 照明产品主要国家差异与标准

电压 /V	频率 /Hz	主要官方语言	插头 / 插座	
			类型	插头 / 插座形式
230	50	宗卡语、英语	C 型 D 型 F 型 G 型 M 型	

产品类别	执行标准			
	安全[1, 2]	能效	EMC	WiFi
固定式灯具	BTS IEC 60958-2-1			
可移式灯具	BTS IEC 60958-2-4			
嵌入式灯具	BTS IEC 60958-2-2			
水族箱灯具	BTS IEC 60958-2-11			
电源插座安装的夜灯	BTS IEC 60958-2-12			
地面嵌入式灯具	BTS IEC 60958-2-13			
儿童用可移式灯具	BTS IEC 60958-2-10			
荧光灯用镇流器	BTS IEC 61347-2-8	—	—	—
放电灯（荧光灯除外）用镇流器	BTS IEC 61347-2-9			
荧光灯用交流电子镇流器	BTS IEC 61347-2-3			
放电灯（荧光灯除外）用直流或交流电子镇流器	BTS IEC 61347-2-12			
LED 模块用直流或交流电子控制装置	BTS IEC 61347-2-13			
[1] BTS IEC 60598-2 系列特殊要求标准需与通用要求标准 BTS IEC 60598-1 同时使用； [2] BTS IEC 61347-2 系列特殊要求标准需与通用要求标准 BTS IEC 61347-1 同时使用。				

1.3.18 孟加拉国

1.3.18.1 照明产品主要国家差异与标准

电压 /V	频率 /Hz	主要官方语言	插头 / 插座	
			类型	插头 / 插座形式
220	50	孟加拉语	C 型 D 型 G 型 K 型	

1.3.19　印度

1.3.19.1　照明产品市场准入要求与技术法规

类别	准入与法规要求	产品范围（照明）
电气安全	印度标准局（BIS）对电子电器产品实施强制性标志认证及强制注册要求（CRS 注册）； 强制标志认证范围内的产品须取得认证证书，加贴 BIS 认证标志，方可进入市场销售； 强制注册范围内的产品须在 BIS 进行 CRS 注册，加贴注册标志，才可以进入市场销售	CRS 注册范围： LED 模块的直流或交流供电控制器 通用 LED 固定灯具
无线通信射频（仅限 WiFi）	印度无线规划协调局（WPC）规定，所有无线和通信产品在进入因素市场前须取得 WPC 型式证书	带有无线通信模块的照明产品（仅限 2.4GHz WiFi 无线接入设备）

1.3.19.2　照明产品认证要求与标志

类别	认证要求	认证标志
电气安全	BIS 标志认证模式为型式试验 + 工厂检查 + 获证后跟踪检查； CRS 注册模式为型式试验； CRS 注册证须由本地代表持证； 须在指定检测机构测试	BIS 标志 CRS 注册标志
无线通信射频（仅限 WiFi）	须依据相关国际标准测试； 须由本地代表持证	—

1.3.19.3　照明产品主要国家差异与标准

电压 /V	频率 /Hz	主要官方语言	插头 / 插座	
			类型	插头 / 插座形式
230	50	印地语、英语	C 型 D 型 M 型	

产品类别	执行标准			
	安全	能效	EMC	WiFi
通用 LED 固定灯具	IS 10322（Part 5/Sec 1） IS 10322（Part 1）	—	—	ETSI EN 300 328 欧盟 RED 指令
LED 模块的直流或交流供电控制器	IS 15885（part 2/section 13） IS 15885（Part 1）			

1.3.20 斯里兰卡

1.3.20.1 市场准入要求与技术法规

类别	准入与法规要求	产品范围（照明）
电气安全	斯里兰卡对 123 种管制产品实施进口检验计划，计划内产品须符合斯里兰卡国家标准（SLS），斯里兰卡标准局（SLSI）会在海关抽检确认符合标准要求的产品才放行	管形荧光灯用镇流器
无线通信射频（仅限 WiFi）	斯里兰卡通信管理委员会规定，所有无线通信产品在进入斯里兰卡市场销售前须取得注册证书	带有无线通信模块的照明产品（仅限 2.4GHz WiFi 无线接入设备）

1.3.20.2 照明产品认证要求与标志

类别	认证要求	认证标志
电气安全	须依据斯里兰卡标准（SLS）测试； 可由出口国有资质的检测机构或斯里兰卡本国有资质的检测机构测试	—
无线通信射频（仅限 WiFi）	产品须在指定检测机构测试	—

1.3.20.3 照明产品主要国家差异与标准

电压 /V	频率 /Hz	主要官方语言	插头 / 插座	
			类型	插头 / 插座形式
230	50	僧伽罗语、泰米尔语	D 型 M 型 G 型	

产品类别	执行标准			
	安全	能效	EMC	WiFi
管形荧光灯用镇流器	SLS 1150	—	—	ETSI EN 300 328 欧盟 RED 指令

1.3.21　马尔代夫

1.3.21.1　照明产品市场准入要求与技术法规

类别	准入与法规要求	产品范围（照明）
无线通信射频（仅限 WiFi）	进入马尔代夫的无线通讯设备入关时须提供 RF 证书	带有无线通信模块的照明产品（仅限 2.4GHz WiFi 无线接入设备）

1.3.21.2　照明产品认证要求与标志

类别	认证要求	认证标志
无线通信射频（仅限 WiFi）	产品须持有有效的 RF 证书；	—

1.3.21.3　照明产品主要国家差异与标准

电压 /V	频率 /Hz	主要官方语言	插头 / 插座	
			类型	插头 / 插座形式
230	50	迪维希语	A 型 C 型 D 型 G 型 J 型 K 型 L 型	

产品类别	安全	能效	EMC	WiFi
	执行标准	执行标准	执行标准	执行标准
照明产品	—	—	—	ETSI EN 300 328 欧盟 RED 指令

1.3.22 哈萨克斯坦

哈萨克斯坦采用海关联盟针对照明产品的相关准入要求，详见第二章2.3.1.1海关联盟相关要求。

照明产品主要国家差异与标准

电压/V	频率/Hz	主要官方语言	插头/插座	
			类型	插头/插座形式
220	50	哈萨克语、俄语	C型 F型	

1.3.23 吉尔吉斯斯坦

吉尔吉斯斯坦采用海关联盟针对照明产品的相关准入要求，详见第二章2.3.1.1海关联盟相关要求。

照明产品主要国家差异与标准

电压/V	频率/Hz	主要官方语言	插头/插座	
			类型	插头/插座形式
220	50	吉尔吉斯语	C型 F型	

1.3.24 塔吉克斯坦

1.3.24.1 照明产品市场准入要求与技术法规

类别	准入与法规要求	产品范围（照明）
电气安全	进口产品须取得符合性认证证书方可进入市场销售	固定式灯具；可移式灯具；嵌入式灯具；水族箱灯具；电源插座安装的夜灯；地面嵌入式灯具；儿童可移式灯具；荧光灯用镇流器；放电灯（荧光灯除外）用镇流器；荧光灯用交流电子镇流器；放电灯（荧光灯除外）用直流或交流电子控制装置；LED模块用直流或交流电子控制装置

1.3.24.2 照明产品认证要求与标志

类别	认证要求	认证标志
电气安全	型式试验+工厂检查，可提供有效的ISO证书，免去工厂检查；须在指定的检测机构测试	—

1.3.24.3 照明产品主要国家差异与标准

电压 /V	频率 /Hz	主要官方语言	插头 / 插座	
			类型	插头 / 插座形式
220	50	塔吉克语	C 型 F 型 I 型	

产品类别	执行标准			
	安全[1,2]	能效	EMC	WiFi
固定式通用灯具	IEC 60598-2-1	—	—	ETSI EN 300 328 欧盟 RED 指令
可移式通用灯具	IEC 60598-2-4	—		
嵌入式灯具	IEC 60598-2-2	—		
水族箱灯具	IEC 60598-2-11	—		
电源插座安装的夜灯	IEC 60598-2-12	—		
地面嵌入式灯具	IEC 60598-2-13	—		
儿童用可移式灯具	IEC 60598-2-10	—		
荧光灯用镇流器	IEC 61347-2-8	—		
放电灯（荧光灯除外）用镇流器	IEC 61347-2-9	—		
荧光灯用交流电子镇流器	IEC 61347-2-3	—		
放电灯（荧光灯除外）用直流或交流电子镇流器	IEC 61347-2-12	—		
LED 模块用直流或交流电子控制装置	IEC 61347-2-13	—		

[1] IEC 60598-2 系列特殊要求标准需与通用要求标准 IEC 60598-1 同时使用；

[2] IEC 61347-2 系列特殊要求标准需与通用要求标准 IEC 61347-1 同时使用

1.3.25 乌兹别克斯坦

照明产品主要国家差异与标准

电压 /V	频率 /Hz	主要官方语言	插头 / 插座	
			类型	插头 / 插座形式
220	50	乌兹别克语	C 型 I 型 E 型	

1.3.26 土库曼斯坦

1.3.26.1 照明产品市场准入要求与技术法规

类别	准入与法规要求	产品范围（照明）
电气安全	强制认证范围内产品须取得符合性认证证书并加贴认证标志方可进入市场销售	固定式灯具；可移式灯具；嵌入式灯具；水族箱灯具；电源插座安装的夜灯；地面嵌入式灯具；儿童可移式灯具；荧光灯用镇流器；放电灯（荧光灯除外）用镇流器；荧光灯用交流电子镇流器；放电灯（荧光灯除外）用直流或交流电子控制装置；LED 模块用直流或交流电子控制装置

1.3.26.2 照明产品认证要求与标志

类别	认证要求	认证标志
电气安全	认证模式为型式试验 + 工厂检查，可提供有效的 ISO 证书，免去工厂检查； 产品须在指定检测机构测试	

1.3.26.3 照明产品主要国家差异与标准

电压 /V	频率 /Hz	主要官方语言	插头 / 插座	
			类型	插头 / 插座形式
220	50	土克曼语	B 型 C 型 E 型 F 型	

<table>
<tr><th rowspan="2">产品类别</th><th colspan="4">执行标准</th></tr>
<tr><th>安全[1, 2]</th><th>能效</th><th>EMC</th><th>WiFi</th></tr>
<tr><td>固定式通用灯具</td><td>IEC 60598-2-1</td><td>—</td><td rowspan="12">—</td><td rowspan="12">—</td></tr>
<tr><td>可移式通用灯具</td><td>IEC 60598-2-4</td><td>—</td></tr>
<tr><td>嵌入式灯具</td><td>IEC 60598-2-2</td><td>—</td></tr>
<tr><td>水族箱灯具</td><td>IEC 60598-2-11</td><td>—</td></tr>
<tr><td>电源插座安装的夜灯</td><td>IEC 60598-2-12</td><td>—</td></tr>
<tr><td>地面嵌入式灯具</td><td>IEC 60598-2-13</td><td>—</td></tr>
<tr><td>儿童用可移式灯具</td><td>IEC 60598-2-10</td><td>—</td></tr>
<tr><td>荧光灯用镇流器</td><td>IEC 61347-2-8</td><td>—</td></tr>
<tr><td>放电灯（荧光灯除外）用镇流器</td><td>IEC 61347-2-9</td><td>—</td></tr>
<tr><td>荧光灯用交流电子镇流器</td><td>IEC 61347-2-3</td><td>—</td></tr>
<tr><td>放电灯（荧光灯除外）用直流或交流电子镇流器</td><td>IEC 61347-2-12</td><td>—</td></tr>
<tr><td>LED 模块用直流或交流电子控制装置</td><td>IEC 61347-2-13</td><td>—</td></tr>
<tr><td colspan="5">[1] IEC 60598-2 系列特殊要求标准需与通用要求标准 IEC 60598-1 同时使用；
[2] IEC 61347-2 系列特殊要求标准需与通用要求标准 IEC 61347-1 同时使用。</td></tr>
</table>

1.3.27　格鲁吉亚

格鲁吉亚采用第二章 2.1.1.1 欧盟地区针对照明产品的市场准入要求。

<table>
<tr><th rowspan="2">电压 /V</th><th rowspan="2">频率 /Hz</th><th rowspan="2">主要官方语言</th><th colspan="2">插头 / 插座</th></tr>
<tr><th>类型</th><th>插头 / 插座形式</th></tr>
<tr><td>220</td><td>50</td><td>格鲁吉亚语</td><td>C 型
F 型</td><td></td></tr>
</table>

1.3.28 阿塞拜疆

1.3.28.1 市场准入要求与技术法规

类别	准入与法规要求	产品范围（照明）
电气安全	强制性认证系统管制范围内产品须取得符合性认证证书方可进入市场销售	固定式灯具；可移式灯具；嵌入式灯具；水族箱灯具；电源插座安装的夜灯；地面嵌入式灯具；儿童可移式灯具；荧光灯用镇流器；放电灯（荧光灯除外）用镇流器；荧光灯用交流电子镇流器；放电灯（荧光灯除外）用直流或交流电子控制装置；LED 模块用直流或交流电子控制装置
无线通信射频（仅限 WiFi）	无线通信设备（WiFi）须取得无线电认证证书方可进入市场销售	带有无线通信模块的照明产品（仅限 2.4GHz WiFi 无线接入设备）

1.3.28.2 照明产品认证要求与标志

类别	认证要求	认证标志
电气安全	型式试验 + 工厂检查，可提供有效的 ISO 证书免去工厂检查； 依据相关国际 / 国家标准测试	无
无线通信射频（仅限 WiFi）	依据相关国际 / 国家标准测试	无

1.3.28.3 照明产品主要国家差异与标准

电压 /V	频率 /Hz	主要官方语言	插头 / 插座	
			类型	插头 / 插座形式
220	50	阿塞拜疆语	C 型 F 型	

<table>
<tr><th rowspan="2">产品类别</th><th colspan="4">执行标准</th></tr>
<tr><th>安全[1，2]</th><th>能效</th><th>EMC</th><th>WiFi</th></tr>
<tr><td>固定式通用灯具</td><td>IEC 60598-2-1</td><td>—</td><td rowspan="12">—</td><td rowspan="12">ETSI EN 300 328
欧盟 RED 指令</td></tr>
<tr><td>可移式通用灯具</td><td>IEC 60598-2-4</td><td>—</td></tr>
<tr><td>嵌入式灯具</td><td>IEC 60598-2-2</td><td>—</td></tr>
<tr><td>水族箱灯具</td><td>IEC 60598-2-11</td><td>—</td></tr>
<tr><td>电源插座安装的夜灯</td><td>IEC 60598-2-12</td><td>—</td></tr>
<tr><td>地面嵌入式灯具</td><td>IEC 60598-2-13</td><td>—</td></tr>
<tr><td>儿童用可移式灯具</td><td>IEC 60598-2-10</td><td>—</td></tr>
<tr><td>荧光灯用镇流器</td><td>IEC 61347-2-8</td><td>—</td></tr>
<tr><td>放电灯（荧光灯除外）用镇流器</td><td>IEC 61347-2-9</td><td>—</td></tr>
<tr><td>荧光灯用交流电子镇流器</td><td>IEC 61347-2-3</td><td>—</td></tr>
<tr><td>放电灯（荧光灯除外）用直流或交流电子镇流器</td><td>IEC 61347-2-12</td><td>—</td></tr>
<tr><td>LED 模块用直流或交流电子控制装置</td><td>IEC 61347-2-13</td><td>—</td></tr>
<tr><td colspan="5">[1] IEC 60598-2 系列特殊要求标准需与通用要求标准 IEC 60598-1 同时使用；
[2] IEC 61347-2 系列特殊要求标准需与通用要求标准 IEC 61347-1 同时使用。</td></tr>
</table>

1.3.29　亚美尼亚

1.3.29.1　照明产品市场注入要求与技术法规

亚美尼亚采用第二章 2.3.1.1 海关联盟针对照明产品的市场准入要求。

1.3.29.2　照明产品主要国家差异与标准

电压 /V	频率 /Hz	主要官方语言	插头 / 插座	
			类型	插头 / 插座形式
230	50	亚美尼亚语	C 型 F 型	 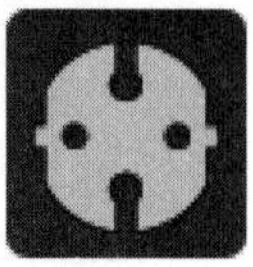

1.3.30 巴基斯坦

1.3.30.1 照明产品市场注入要求与技术法规

类别	准入与法规要求	产品范围（照明）
电气安全	根据巴基斯坦进出口法规要求，部分照明产品须满足巴基斯坦安全标准要求	管状荧光灯用镇流器
无线通信射频（仅限 WiFi）	巴基斯坦电信管理局（PTA）规定，所有无线和通信产品在进入巴基斯坦销售前须取得许可证书	带有无线通信模块的照明产品（仅限 2.4GHz WiFi 无线接入设备）

1.3.30.2 照明产品认证要求与标志

类别	认证要求	认证标志
电气安全	产品由指定检验机构在港口抽样检测	—
无线通信射频（仅限 WiFi）	须依据相关标准测试	—

1.3.30.3 照明产品主要国家差异与标准

电压 /V	频率 /Hz	主要官方语言	插头 / 插座	
			类型	插头 / 插座形式
230	50	乌尔都语、英语	C 型 D 型 G 型 M 型	

产品类别	执行标准			
	安全	能效	EMC	WiFi
管形荧光灯用镇流器	PS：497	—	—	ETSI EN 300 328 欧盟 RED 指令

1.3.31 阿富汗

照明产品主要国家差异与标准

电压 /V	频率 /Hz	主要官方语言	插头 / 插座	
			类型	插头 / 插座形式
220	50	波斯语、普什图语	C 型 F 型	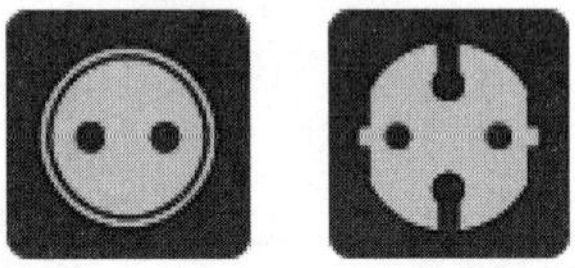

1.3.32　伊朗

1.3.32.1　照明产品市场注入要求与技术法规

类别	准入与法规要求	产品范围（照明）
电气安全	伊朗对所有进口的电子电器产品实施符合性检验要求，强制范围内的产品须取得 COI 方可进入伊朗市场销售	固定式灯具；可移式灯具；嵌入式灯具；水族箱灯具；电源插座安装的夜灯；地面嵌入式灯具；儿童可移式灯具；荧光灯用镇流器；放电灯（荧光灯除外）用镇流器；荧光灯用交流电子镇流器；放电灯（荧光灯除外）用直流或交流电子控制装置；LED 模块用直流或交流电子控制装置
能效	伊朗对部分照明产品强制实施能效标签要求	荧光灯用镇流器
无线通信射频（仅限 WiFi）	进入伊朗的无线通信设备须在伊朗通信与信息部申请许可证书	带有无线通信模块的照明产品（仅限 2.4GHz WiFi 无线接入设备）

1.3.32.2　照明产品认证要求与标志

类别	认证要求	认证标志
电气安全	须由进口商递交申请； 检验须提交符合要求的型式试验报告	—
能效	产品须在指定检测机构测试	
无线通信射频（仅限 WiFi）	产品须在指定检测机构测试； 无线通信（WiFi）产品，在适用情况下，须符合电磁兼容 EMC 要求； 由本地代表申请注册	—

1.3.32.3　照明产品主要国家差异与标准

电压 /V	频率 /Hz	主要官方语言	插头 / 插座	
			类型	插头 / 插座形式
220	50	波斯语	C 型 F 型	

产品类别	执行标准			
	安全[1,2]	能效	EMC	WiFi
固定式灯具	ISIRI IEC 60598-2-1	—	—	ETSI EN 300 328 欧盟 RED 指令
可移式灯具	ISIRI IEC 60598-2-4			
嵌入式灯具	ISIRI IEC 60598-2-2			
水族箱灯具	ISIRI IEC 60598-2-11			
电源插座安装的夜灯	ISIRI IEC 60598-2-12			
地面嵌入式灯具	ISIRI IEC 60598-2-13			
儿童用可移式灯具	ISIRI IEC 60598-2-10			
荧光灯用镇流器	ISIRI IEC 61347-2-8			
放电灯（荧光灯除外）用镇流器	ISIRI IEC 61347-2-9			
荧光灯用交流电子镇流器	ISIRI IEC 61347-2-3	ISIRI 10759		
放电灯（荧光灯除外）用直流或交流电子镇流器	ISIRI IEC 61347-2-12	—		
LED 模块用直流或交流电子控制装置	ISIRI IEC 61347-2-13			
[1] ISIRI IEC 60598-2 系列特殊要求标准需与通用要求标准 ISIRI IEC 60598-1 同时使用； [2] ISIRI IEC 61347-2 系列特殊要求标准需与通用要求标准 ISIRI IEC 61347-1 同时使用。				

1.3.33 伊拉克

1.3.33.1 照明产品市场注入要求与技术法规

类别	准入与法规要求	产品范围（照明）
电气安全	伊拉克对所有进口照明产品实施强制符合性认证（CoC），产品在出口前须取得 CoC 证书才能顺利清关并进入市场销售	固定式灯具；可移式灯具；嵌入式灯具；水族箱灯具；电源插座安装的夜灯；地面嵌入式灯具；儿童可移式灯具；荧光灯用镇流器；放电灯（荧光灯除外）用镇流器；荧光灯用交流电子镇流器；放电灯（荧光灯除外）用直流或交流电子控制装置；LED 模块用直流或交流电子控制装置

1.3.33.2 照明产品认证要求与标志

类别	认证要求	认证标志
电气安全	型式试验 + 装船前检验； 产品须提供原产地证及价格证明书； 须依据相关国际标准测试	—

1.3.33.3 照明产品主要国际差异与标准

电压 /V	频率 /Hz	主要官方语言	插头 / 插座	
			类型	插头 / 插座形式
230	50	阿拉伯语、库尔德语	C 型 D 型 G 型	

产品类别	执行标准			
	安全 [1, 2]	能效	EMC	WiFi
固定式灯具	CoC IEC 60598-2-1	—	—	—
可移式灯具	CoC IEC 60598-2-4			
嵌入式灯具	CoC IEC 60598-2-2			
水族箱灯具	CoC IEC 60598-2-11			
电源插座安装的夜灯	CoC IEC 60598-2-12			
地面嵌入式灯具	CoC IEC 60598-2-13			
儿童用可移式灯具	CoC IEC 60598-2-10			
荧光灯用镇流器	CoC IEC 61347-2-8			
放电灯（荧光灯除外）用镇流器	CoC IEC 61347-2-9			
荧光灯用交流电子镇流器	CoC IEC 61347-2-3			
放电灯（荧光灯除外）用直流或交流电子镇流器	CoC IEC 61347-2-12			
LED 模块用直流或交流电子控制装置	CoC IEC 61347-2-13			
[1] CoC IEC 60598-2 系列特殊要求标准需与通用要求标准 CoC IEC 60598-1 同时使用； [2] CoC IEC 61347-2 系列特殊要求标准需与通用要求标准 CoC IEC 61347-1 同时使用。				

1.3.34 叙利亚

照明产品主要国家差异与标准

电压 /V	频率 /Hz	主要官方语言	插头 / 插座	
			类型	插头 / 插座形式
220	50	阿拉伯语、英语、法语	C 型 E 型 L 型	

1.3.35 黎巴嫩

照明产品主要国家差异与标准

电压 /V	频率 /Hz	主要官方语言	插头 / 插座	
			类型	插头 / 插座形式
220	50	阿拉伯语	A 型 B 型 C 型 D 型 E 型 G 型	

1.3.36 约旦

1.3.36.1 照明产品市场注入要求与技术法规

类别	准入与法规要求	产品范围（照明）
电气安全	约旦要求进口本国的照明产品须符合约旦相关标准与法规的要求，并对进口货物进行随机抽检	—
电磁兼容（EMC）	约旦要求进口本国的照明产品须符合约旦相关标准与法规的要求，并对进口货物进行随机抽检	—
无线通信射频（仅限 WiFi）	约旦要求进口本国的无线通信设备须符合约旦相关标准与法规的要求，并对进口货物进行随机抽检	带有无线通信模块的照明产品（仅限 2.4GHz WiFi 无线接入设备）

1.3.36.2 照明产品认证要求与标志

类别	认证要求	认证标志
电气安全	须依据相关国际标准测试	—
电磁兼容（EMC）	须依据相关国际标准测试	—
无线通信射频（仅限 WiFi）	须依据相关国际标准测试	—

1.3.36.3　照明产品主要国家差异与标准

电压 /V	频率 /Hz	主要官方语言	插头 / 插座	
			类型	插头 / 插座形式
230	50	阿拉伯语	B 型 C 型 D 型 E 型 G 型 J 型	

产品类别	执行标准			
	安全[1,2]	能效	EMC	WiFi
固定式通用灯具	IEC 60598-2-1	—	CISPR 15 IEC 61547 IEC 61000-3-2 IEC 61000-3-3 IEC 61000-3-11 IEC 61000-3-12	ETSI EN 300 328 欧盟 RED 指令
可移式通用灯具	IEC 60598-2-4	—		
嵌入式灯具	IEC 60598-2-2	—		
水族箱灯具	IEC 60598-2-11	—		
电源插座安装的夜灯	IEC 60598-2-12	—		
地面嵌入式灯具	IEC 60598-2-13	—		
儿童用可移式灯具	IEC 60598-2-10	—		
荧光灯用镇流器	IEC 61347-2-8	—		
放电灯（荧光灯除外）用镇流器	IEC 61347-2-9	—		
荧光灯用交流电子镇流器	IEC 61347-2-3	—		
放电灯（荧光灯除外）用直流或交流电子镇流器	IEC 61347-2-12	—		
LED 模块用直流或交流电子控制装置	IEC 61347-2-13	—		

[1] IEC 60598-2 系列特殊要求标准需与通用要求标准 IEC 60598-1 同时使用；
[2] IEC 61347-2 系列特殊要求标准需与通用要求标准 IEC 61347-1 同时使用。

1.3.37 巴勒斯坦

1.3.37.1 照明产品市场注入要求与技术法规

类别	准入与法规要求	产品范围（照明）
电气安全	在巴勒斯坦销售的产品须符合巴勒斯坦贸易中心发布的进口产品要求，强制标准范围内的产品须取得巴勒斯坦标准局（PSI）签发的型式认可证书，方可进入市场销售	固定式灯具；嵌入式灯具；可携带的一般用途灯具；可携带的儿童灯具；放电灯用镇流器；荧光灯用镇流器

1.3.37.2 照明产品认证要求与标志

类别	认证要求	认证标志
电气安全	产品须在指定实验室测试	无

1.3.37.3 照明产品主要国家差异与标准

电压 /V	频率 /Hz	主要官方语言	插头 / 插座	
			类型	插头 / 插座形式
230 380	50	阿拉伯语	C 型 H 型 M 型	

产品类别	执行标准			
	安全[1,2]	能效	EMC	WiFi
固定式灯具	IEC 60598-2-1	—	—	—
可携带的一般用途灯具	IEC 60598-2-4	—		
嵌入式灯具	IEC 60598-2-2	—		
可携带的儿童灯具	IEC 60598-2-10	—		
荧光灯用镇流器	IEC 61347-2-8 IEC 61347-2-3	—		
放电灯（荧光灯除外）用镇流器	IEC 61347-2-9 IEC 61347-2-12	—		

[1] IEC 60598-2 系列特殊要求标准需与通用要求标准 IEC 60598-1 同时使用；

[2] IEC 61347-2 系列特殊要求标准需与通用要求标准 IEC 61347-1 同时使用。

1.3.38 以色列

1.3.38.1 照明产品市场注入要求与技术法规

类别	准入与法规要求	产品范围（照明）
电气安全	依据以色列《标准法 -1953》，以色列强制标准范围内产品进口到以色列，须取的以色列标准协会（SII）的安全标准认证证书，并加贴认证标志，方可进入市场销售	固定式灯具；嵌入式灯具；可携带的一般用途灯具；可携带的儿童灯具；放电灯用镇流器；荧光灯用镇流器
无线通信射频（仅限 WiFi）	以色列通讯部规定，所有无线电和电信设备进入以色列市场前须取得 COMM 许可	带有无线通信模块的照明产品（仅限 2.4GHz WiFi 无线接入设备）

1.3.38.2 照明产品认证要求与标志

类别	认证要求	认证标志
电气安全	型式试验 + 工厂审查 + 获证后跟踪监督； 须在指定检测机构测试	STANDARDS MARK THE STANDARDS INSTITUTION OF ISRAEL
无线通信射频（仅限 WiFi）	须在指定检测机构测试； 只接受在 MoC 注册备案的运营商进行申请	—

1.3.38.3 照明产品主要国家差异与标准

电压 /V	频率 /Hz	主要官方语言	插头 / 插座	
			类型	插头 / 插座形式
230	50	希伯来语	C 型 H 型 M 型	

产品类别	执行标准			
	安全[1, 2]	能效	EMC	WiFi
固定式灯具	SI 20 Part 2. 1	—	—	ETSI EN 300 328 欧盟 RED 指令
可移式灯具	SI 20 Part 2.4			
嵌入式灯具	SI 20 Part 2.2			
儿童用可移式灯具	SI 20 Part 2.10			
荧光灯用镇流器	SI 61347 Part 2.8			
放电灯用镇流器	SI 61347 Part 2.9			
[1] SI 20 Part2 系列特殊要求标准需与通用要求标准 SI 20 Part 1 同时使用； [2] SI 61347 Part 2 系列特殊要求标准需与通用要求标准 SI 61347 Part 1 同时使用。				

1.3.39 塞浦路斯

塞浦路斯采用第二章 2.1.1.1 欧盟地区针对照明产品的市场准入要求。

照明产品主要国家差异与标准

电压 /V	频率 /Hz	主要官方语言	插头 / 插座	
			类型	插头 / 插座形式
240	50	希腊语、土耳其语、英语	G 型	

1.3.40 土耳其

土耳其采用第二章 2.1.1.1 欧盟地区针对照明产品的市场准入要求。

照明产品主要国家差异与标准

电压 /V	频率 /Hz	主要官方语言	插头 / 插座	
			类型	插头 / 插座形式
220	50	土耳其语	C 型 F 型	 

第二章　欧洲国家和地区照明产品强制性准入、认证与标准要求

2.1　欧盟

2.1.1　欧盟地区

欧洲联盟（简称欧盟，European Union，EU）是由欧洲共同体（European communities）发展而来的，是一个集政治实体和经济实体于一身、在世界上具有重要影响的区域一体化组织。1991 年 12 月，欧洲共同体马斯特里赫特首脑会议通过《欧洲联盟条约》，通称《马斯特里赫特条约》（简称《马约》）。1993 年 11 月 1 日，《马约》正式生效，欧盟正式诞生。欧盟总部设在比利时首都布鲁塞尔。

欧盟成员目前包括：奥地利、比利时、保加利亚、塞浦路斯、克罗地亚、捷克、丹麦、爱沙尼亚、芬兰、法国、德国、希腊、匈牙利、爱尔兰、意大利、拉脱维亚、立陶宛、卢森堡、马耳他、荷兰、波兰、葡萄牙、罗马尼亚、斯洛伐克、斯洛文尼亚、西班牙和瑞典。

2.1.1.1　照明产品市场准入要求与技术法规

类别	准入和法规要求	法规名称和编号	产品范围
安全	照明产品须符合欧盟颁布的相关指令要求，并加贴 CE 标志和特定指令要求的标签或标识，方可进入欧盟市场销售	2014/35/EU 设计在一定电压限值内使用的电气设备（低电压 LVD）指令	适用于设计使用于电压交流 50V~1000V 和直流 75V~1500V 的灯具和灯控制装置类产品
电磁兼容（EMC）		2014/30/EU 电磁兼容性（EMC）指令	新投放于欧盟市场的灯具和灯控制装置类产品（含远程销售），包括欧盟制造商新生产的以及从第三国进口的新的或二手灯具和灯控制装置类产品
环保		2010/30/EU 能效标签（ErP）指令	使用中与能源相关的灯具和灯控制装置类产品，以下产品除外： 1）二手产品（除非从第三国进口）

续表

类别	准入和法规要求	法规名称和编号	产品范围
环保	照明产品须符合欧盟颁布的相关指令要求，并加贴 CE 标志和特定指令要求的标签或标识，方可进入欧盟市场销售	2009/125/EC 与能源相关产品的生态设计要求指令	2）在使用过程中对能源消耗有影响的灯具和灯控制装置类产品，包括可以独立进行环保性能评价的内置零部件和配件
		2011/65/EU 电气电子设备限制使用有害物质	所有灯具和灯控制装置类产品
无线通讯射频（仅限 WiFi）		2014/53/EU 无线设备（RED）指令	带有无线通讯模块的灯具和灯控制装置类产品（仅限 2.4GHz WiFi 无线接入设备）

2.1.1.2 照明产品认证要求与标志

类别	认证要求	认证标志[1]
安全	根据产品所涉及的欧盟指令加贴强制性的 CE 标志。 自我声明即可满足加贴 CE 标志的要求。 必须证明产品是安全的，是符合指令要求和相关的欧盟 EN 标准要求的	CE
电磁兼容（EMC）	根据产品所涉及的欧盟电磁兼容（EMC）指令加贴强制性的 CE 标志。 自我声明即可满足加贴 CE 标志的要求。 必须证明产品符合指令要求和相关的欧盟 EN 标准要求	CE
无线通讯射频（仅限 WiFi）	根据产品所涉及的欧盟无线与通讯（RED）指令加贴强制性的 CE 标志。 自我声明即可满足加贴 CE 标志的要求。 Ⅱ类无线设备还必须加贴设备类别标识。 必须证明产品符合指令要求和相关的欧盟协调标准要求	CE Ⅱ类无线设备还必须加贴设备类别标识
环保（能效标签 ErP、生态设计、RoSH、噪声）	根据产品所涉及的欧盟相关环保指令加贴强制性 CE 标志和相关的标识。 自我声明即可满足加贴 CE 标志的要求。 必须证明产品符合相关指令要求、相关产品指令要求、相关的欧盟协调标准要求及标识所标称的相关内容。 有些指令要求必须在规定网站上注册登记	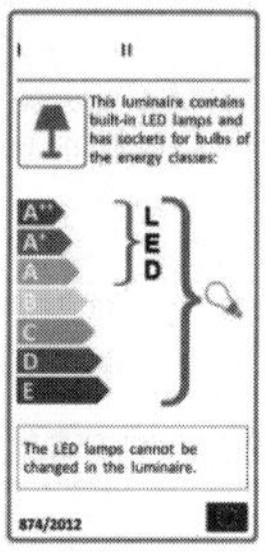 能效标签示例 （以灯具产品为例）

[1] 若一个产品同时属于一个以上的欧盟相关产品指令类别，则必须满足所有相对应的产品指令中所规定的要求，才能在产品上加贴 CE 标志。

2.1.1.3　主要地区差异与标准

<table>
<tr><th rowspan="2">产品类别</th><th colspan="4">执行标准</th></tr>
<tr><th>安全[1,2]</th><th>能效</th><th>EMC</th><th>WiFi/RF</th></tr>
<tr><td>固定式灯具</td><td>EN 60598-2-1</td><td rowspan="7">2009/125/EC
2010/30/EU
（EU）No.1194/2012
（EU）2015/1428
（EC）No.245/2009
（EU）No.347/2010
（EU）No.874/2012</td><td rowspan="13">EN 55015
EN 61547
EN 61000-3-2
EN 61000-3-3
EN 61000-3-11
EN 61000-3-12</td><td rowspan="13">ETSI EN 300 328
欧盟 RED 指令</td></tr>
<tr><td>可移式灯具</td><td>EN 60598-2-4</td></tr>
<tr><td>嵌入式灯具</td><td>EN 60598-2-2</td></tr>
<tr><td>水族箱灯具</td><td>EN 60598-2-11</td></tr>
<tr><td>电源插座安装的夜灯</td><td>EN 60598-2-12</td></tr>
<tr><td>地面嵌入式灯具</td><td>EN 60598-2-13</td></tr>
<tr><td>儿童用可移式灯具</td><td>EN 60598-2-10</td></tr>
<tr><td>荧光灯用镇流器</td><td>EN 61347-2-8</td><td rowspan="6">2009/125/EC
2010/30/EU
（EU）No.1194/2012
（EU）2015/1428
（EC）No.245/2009
（EU）No.347/2010</td></tr>
<tr><td>放电灯（荧光灯除外）用镇流器</td><td>EN 61347-2-9</td></tr>
<tr><td>荧光灯用交流电子镇流器</td><td>EN 61347-2-3</td></tr>
<tr><td>放电灯（荧光灯除外）用直流或交流电子镇流器</td><td>EN 61347-2-12</td></tr>
<tr><td>LED 模块用直流或交流电子控制装置</td><td>EN 61347-2-13</td></tr>
<tr><td colspan="5">[1] EN 60598-2 系列特殊要求标准需与通用要求标准 EN 60598-1 同时使用；
[2] EN 61347-2 系列特殊要求标准需与通用要求标准 EN 61347-1 同时使用。</td></tr>
</table>

2.1.2　德国

2.1.2.1　照明产品市场准入要求与技术法规

德国作为欧盟国家，市场准入要求与技术法规执行本章 2.1.1.1 描述的欧盟地区要求。同时，德国的 GS 标志因为市场的普遍接受程度而成为照明产品提升质量水平与市场竞争力的标识。

2.1.2.2　照明产品认证要求与标志

德国 GS 标志与认证要求如下：

类别	认证要求	产品范围	认证标志
安全	向指定的 GS 认证机构申请，依据 DIN 标准或 DIN-EN 标准进行产品测试试 + 工厂审查	家用电器	GS geprüfte Sicherheit

2.1.2.3 照明产品主要国家差异与标准

电压 /V	频率 /Hz	主要官方语言	插头 / 插座	
			类型	插头 / 插座形式
230	50	德语	C 型 F 型	

产品类别	执行标准			
	安全[1, 2]	能效	EMC	WiFi/RF
固定式灯具	DIN EN 60598-2-1	2009/125/EC 2010/30/EU （EU）No.1194/2012 （EU）2015/1428 （EC）No.245/2009 （EU）No.347/2010 （EU）No.874/2012	DIN EN 55015 DIN EN 61547 DIN EN 61000-3-2 DIN EN 61000-3-3 DIN EN 61000-3-11 DIN EN 61000-3-12	ETSI EN 300 328 欧盟 RED 指令
可移式灯具	DIN EN 60598-2-4			
嵌入式灯具	DIN EN 60598-2-2			
水族箱灯具	DIN EN 60598-2-11			
电源插座安装的夜灯	DIN EN 60598-2-12			
地面嵌入式灯具	DIN EN 60598-2-13			
儿童用可移式灯具	DIN EN 60598-2-10			
荧光灯用镇流器	DIN EN 61347-2-8	2009/125/EC 2010/30/EU （EU）No.1194/2012 （EU）2015/1428 （EC）No.245/2009 （EU）No.347/2010		
放电灯（荧光灯除外）用镇流器	DIN EN 61347-2-9			
荧光灯用交流电子镇流器	DIN EN 61347-2-3			
放电灯（荧光灯除外）用直流或交流电子镇流器	DIN EN 61347-2-12			
LED 模块用直流或交流电子控制装置	DIN EN 61347-2-13			

[1] DIN EN 60598-2 系列特殊要求标准需与通用要求标准 DIN EN 60598-1 同时使用；
[2] DIN EN 61347-2 系列特殊要求标准需与通用要求标准 DIN EN 61347-1 同时使用。

2.1.3 奥地利

2.1.3.1 照明产品市场准入要求与技术法规

奥地利作为欧盟国家，市场准入要求与技术法规执行本章 2.1.1.1 描述的欧盟地区要求。

2.1.3.2 照明产品认证要求与标志

奥地利的认证要求与标志采用本章 2.1.1.2 欧盟地区照明产品认证的相关要求。

2.1.3.3 照明产品主要国家差异与标准

电压 /V	频率 /Hz	主要官方语言	插头 / 插座	
			类型	插头 / 插座形式
230	50	德语	C 型 F 型	

产品类别	执行标准			
	安全[1, 2]	能效	EMC	WiFi/RF
固定式灯具	ÖVE LI/EN 60598-2-1	2009/125/EC 2010/30/EU （EU）No.1194/2012 （EU）2015/1428 （EC）No.245/2009 （EU）No.347/2010 （EU）No.874/2012	ÖVE/ ÖNORM EN 55015 ÖVE/ ÖNORMEN 61547 ÖVE/ ÖNORM EN 61000-3-2 ÖVE/ ÖNORMEN 61000-3-3 ÖVE/ ÖNORMEN 61000-3-11 ÖVE/ ÖNORMEN 61000-3-12	ETSI EN 300 328 欧盟 RED 指令
可移式灯具	ÖVE/ ÖNORM EN 60598-2-4			
嵌入式灯具	ÖVE/ ÖNORM EN 60598-2-2			
水族箱灯具	ÖVE/ ÖNORM EN 60598-2-11			
电源插座安装的夜灯	ÖVE/ ÖNORM EN 60598-2-12			
地面嵌入式灯具	ÖVE/ ÖNORM EN 60598-2-13			
儿童用可移式灯具	ÖVE/ ÖNORM EN 60598-2-10			
荧光灯用镇流器	ÖVE/ ÖNORM EN 61347-2-8	2009/125/EC 2010/30/EU （EU）No.1194/2012 （EU）2015/1428 （EC）No.245/2009 （EU）No.347/2010		
放电灯（荧光灯除外）用镇流器	ÖVE/ ÖNORM EN 61347-2-9			
荧光灯用交流电子镇流器	ÖVE/ ÖNORM EN 61347-2-3			
放电灯（荧光灯除外）用直流或交流电子镇流器	ÖVE/ ÖNORM EN 61347-2-12			
LED 模块用直流或交流电子控制装置	ÖVE/ ÖNORM EN 61347-2-13			

[1] ÖVE/ ÖNORM EN 60598-2 系列特殊要求标准需与通用要求标准ÖVE/ ÖNORM EN 60598-1 同时使用；

[2] ÖVE/ ÖNORM EN 61347-2 系列特殊要求标准需与通用要求标准ÖVE/ ÖNORM EN 61347-1 同时使用。

2.1.4 比利时

2.1.4.1 照明产品市场准入要求与技术法规

比利时作为欧盟国家，市场准入要求与技术法规执行本章 2.1.1.1 描述的欧盟地区照明产品市场准入要求。

2.1.4.2 照明产品认证要求与标志

比利时的认证要求与标志采用本章 2.1.1.2 欧盟地区的相关要求。

2.1.4.3 照明产品主要国家差异与标准

电压 /V	频率 /Hz	主要官方语言	插头 / 插座	
			类型	插头 / 插座形式
230	50	法语	C 型 E 型	

产品类别	执行标准			
	安全[1,2]	能效	EMC	WiFi/RF
固定式灯具	NBN EN 60598-2-1	2009/125/EC 2010/30/EU （EU）No.1194/2012 （EU）2015/1428 （EC）No.245/2009 （EU）No.347/2010 （EU）No.874/2012	NBN EN 55015 NBN EN 61547 NBN EN 61000-3-2 NBN EN 61000-3-3 NBN EN61000-3-11 NBN EN 61000-3-12	ETSI EN 300 328 欧盟 RED 指令
可移式灯具	NBN EN 60598-2-4			
嵌入式灯具	NBN EN 60598-2-2			
水族箱灯具	NBN EN 60598-2-11			
电源插座安装的夜灯	NBN EN 60598-2-12			
地面嵌入式灯具	NBN EN 60598-2-13			
儿童用可移式灯具	NBN EN 60598-2-10			
荧光灯用镇流器	NBN EN 61347-2-8	2009/125/EC 2010/30/EU （EU）No.1194/2012 （EU）2015/1428 （EC）No.245/2009 （EU）No.347/2010		
放电灯（荧光灯除外）用镇流器	NBN EN 61347-2-9			
荧光灯用交流电子镇流器	NBN EN 61347-2-3			
放电灯（荧光灯除外）用直流或交流电子镇流器	NBN EN 61347-2-12			
LED 模块用直流或交流电子控制装置	NBN EN 61347-2-13			

[1] NBN EN 60598-2 系列特殊要求标准需与通用要求标准 NBN EN 60598-1 同时使用；
[2] NBN EN 61347-2 系列特殊要求标准需与通用要求标准 NBN EN 61347-1 同时使用。

2.1.5 保加利亚

2.1.5.1 照明产品市场准入要求与技术法规

保加利亚作为欧盟国家，市场准入要求与技术法规执行本章 2.1.1.1 描述的欧盟地区要求。

2.1.5.2 照明产品认证要求与标志

保加利亚的认证要求与标志采用本章 2.1.1.2 欧盟地区的相关要求。

2.1.5.3 照明产品主要国家差异与标准

电压 /V	频率 /Hz	主要官方语言	插头 / 插座	
			类型	插头 / 插座形式
230	50	保加利亚语	C 型 F 型	

产品类别	执行标准			
	安全[1,2]	能效	EMC	WiFi/RF
固定式灯具	Б Д С EN 60598-2-1	2009/125/EC 2010/30/EU （EU）No.1194/2012 （EU）2015/1428 （EC）No.245/2009 （EU）No.347/2010 （EU）No.874/2012	Б Д С EN 55015 Б Д С EN 61547 Б Д С EN 61000-3-2 Б Д С EN 61000-3-3 Б Д С EN 61000-3-11 Б Д С EN 61000-3-12	ETSI EN 300 328 欧盟 RED 指令
可移式灯具	Б Д С EN 60598-2-4			
嵌入式灯具	Б Д С EN 60598-2-2			
水族箱灯具	Б Д С EN 60598-2-11			
电源插座安装的夜灯	Б Д С EN 60598-2-12			
地面嵌入式灯具	Б Д С EN 60598-2-13			
儿童用可移式灯具	Б Д С EN 60598-2-10			
荧光灯用镇流器	Б Д С EN 61347-2-8	2009/125/EC 2010/30/EU （EU）No.1194/2012 （EU）2015/1428 （EC）No.245/2009 （EU）No.347/2010		
放电灯（荧光灯除外）用镇流器	Б Д С EN 61347-2-9			
荧光灯用交流电子镇流器	Б Д С EN 61347-2-3			
放电灯（荧光灯除外）用直流或交流电子镇流器	Б Д С EN 61347-2-12			
LED 模块用直流或交流电子控制装置	Б Д С EN 61347-2-13			

[1] Б Д С EN 60598-2 系列特殊要求标准需与通用要求标准 Б Д С EN 60598-1 同时使用；
[2] Б Д С EN 61347-2 系列特殊要求标准需与通用要求标准 Б Д С EN 61347-1 同时使用。

2.1.6 塞浦路斯

2.1.6.1 照明产品市场准入要求与技术法规

塞浦路斯作为欧盟国家，市场准入要求与技术法规执行本章 2.1.1.1 描述的欧盟地区要求。

2.1.6.2 照明产品认证要求与标志

塞浦路斯的认证要求与标志采用本章 2.1.1.2 欧盟地区的相关要求。

2.1.6.3 照明产品主要国家差异与标准

<table>
<tr><th rowspan="2">电压 /V</th><th rowspan="2">频率 /Hz</th><th rowspan="2">主要官方语言</th><th colspan="2">插头 / 插座</th></tr>
<tr><th>类型</th><th>插头 / 插座形式</th></tr>
<tr><td>240</td><td>50</td><td>希腊语、土耳其语、英语</td><td>G 型</td><td></td></tr>
</table>

<table>
<tr><th rowspan="2">产品类别</th><th colspan="4">执行标准</th></tr>
<tr><th>安全[1, 2]</th><th>能效</th><th>EMC</th><th>WiFi/RF</th></tr>
<tr><td>固定式灯具</td><td>CYS EN 60598-2-1</td><td rowspan="7">2009/125/EC
2010/30/EU
（EU）No.1194/2012
（EU）2015/1428
（EC）No.245/2009
（EU）No.347/2010
（EU）No.874/2012</td><td rowspan="13">CYS EN 55015
CYS EN 61547
CYS EN 61000-3-2
CYS EN 61000-3-3
CYS EN 61000-3-11
CYS EN 61000-3-12</td><td rowspan="13">ETSI EN 300 328
欧盟 RED 指令</td></tr>
<tr><td>可移式灯具</td><td>CYS EN 60598-2-4</td></tr>
<tr><td>嵌入式灯具</td><td>CYS EN 60598-2-2</td></tr>
<tr><td>水族箱灯具</td><td>CYS EN 60598-2-11</td></tr>
<tr><td>电源插座安装的夜灯</td><td>CYS EN 60598-2-12</td></tr>
<tr><td>地面嵌入式灯具</td><td>CYS EN 60598-2-13</td></tr>
<tr><td>儿童用可移式灯具</td><td>CYS EN 60598-2-10</td></tr>
<tr><td>荧光灯用镇流器</td><td>CYS EN 61347-2-8</td><td rowspan="6">2009/125/EC
2010/30/EU
（EU）No.1194/2012
（EU）2015/1428
（EC）No.245/2009
（EU）No.347/2010</td></tr>
<tr><td>放电灯（荧光灯除外）用镇流器</td><td>CYS EN 61347-2-9</td></tr>
<tr><td>荧光灯用交流电子镇流器</td><td>CYS EN 61347-2-3</td></tr>
<tr><td>放电灯（荧光灯除外）用直流或交流电子镇流器</td><td>CYS EN 61347-2-12</td></tr>
<tr><td>LED 模块用直流或交流电子控制装置</td><td>CYS EN 61347-2-13</td></tr>
<tr><td colspan="5">[1] CYS EN 60598-2 系列特殊要求标准需与通用要求标准 CYS EN 60598-1 同时使用；
[2] CYS EN 61347-2 系列特殊要求标准需与通用要求标准 CYS EN 61347-1 同时使用。</td></tr>
</table>

2.1.7 克罗地亚

2.1.7.1 照明产品市场准入要求与技术法规

克罗地亚作为欧盟国家，市场准入要求与技术法规执行本章 2.1.1.1 描述的欧盟地区要求。

2.1.7.2 照明产品认证要求与标志

克罗地亚的认证要求与标志采用本章 2.1.1.2 欧盟地区的相关要求。

2.1.7.3 照明产品主要国家差异与标准

电压 /V	频率 /Hz	主要官方语言	插头 / 插座	
			类型	插头 / 插座形式
230	50	克罗地亚语	C 型 F 型	

2.1.8 捷克

2.1.8.1 照明产品市场准入要求与技术法规

捷克作为欧盟国家，市场准入要求与技术法规执行本章 2.1.1.1 描述的欧盟地区要求。

2.1.8.2 照明产品认证要求与标志

捷克的认证要求与标志采用本章 2.1.1.2 欧盟地区的相关要求。

2.1.8.3 照明产品主要国家差异与标准

电压 /V	频率 /Hz	主要官方语言	插头 / 插座	
			类型	插头 / 插座形式
230	50	捷克语	C 型 E 型	

2.1.9 丹麦

2.1.9.1 照明产品市场准入要求与技术法规

丹麦作为欧盟国家，市场准入要求与技术法规执行本章 2.1.1.1 描述的欧盟地区要求。

2.1.9.2 照明产品认证要求与标志

丹麦的认证要求与标志采用本章 2.1.1.2 欧盟地区的相关要求。

2.1.9.3 照明产品主要国家差异与标准

<table>
<tr><th rowspan="2">电压 /V</th><th rowspan="2">频率 /Hz</th><th rowspan="2">主要官方语言</th><th colspan="2">插头 / 插座</th></tr>
<tr><th>类型</th><th>插头 / 插座形式</th></tr>
<tr><td>230</td><td>50</td><td>丹麦语</td><td>C 型
F 型
E 型
K 型</td><td></td></tr>
</table>

<table>
<tr><th rowspan="2">产品类别</th><th colspan="4">执行标准</th></tr>
<tr><th>安全 [1,2]</th><th>能效</th><th>EMC</th><th>WiFi/RF</th></tr>
<tr><td>固定式灯具</td><td>DS/EN 60598-2-1</td><td rowspan="7">2009/125/EC
2010/30/EU
(EU) No.1194/2012
(EU) 2015/1428
(EC) No.245/2009
(EU) No.347/2010
(EU) No.874/2012</td><td rowspan="13">DS/EN 55015
DS/EN 61547
DS/EN 61000-3-2
DS/EN 61000-3-3
DS/EN 61000-3-11
DS/EN 61000-3-12</td><td rowspan="13">ETSI EN 300 328
欧盟 RED 指令</td></tr>
<tr><td>可移式灯具</td><td>DS/EN 60598-2-4</td></tr>
<tr><td>嵌入式灯具</td><td>DS/EN 60598-2-2</td></tr>
<tr><td>水族箱灯具</td><td>DS/EN 60598-2-11</td></tr>
<tr><td>电源插座安装的夜灯</td><td>DS/EN 60598-2-12</td></tr>
<tr><td>地面嵌入式灯具</td><td>DS/EN 60598-2-13</td></tr>
<tr><td>儿童用可移式灯具</td><td>DS/EN 60598-2-10</td></tr>
<tr><td>荧光灯用镇流器</td><td>DS/EN 61347-2-8</td><td rowspan="6">2009/125/EC
2010/30/EU
(EU) No.1194/2012
(EU) 2015/1428
(EC) No.245/2009
(EU) No.347/2010</td></tr>
<tr><td>放电灯（荧光灯除外）用镇流器</td><td>DS/EN 61347-2-9</td></tr>
<tr><td>荧光灯用交流电子镇流器</td><td>DS/EN 61347-2-3</td></tr>
<tr><td>放电灯（荧光灯除外）用直流或交流电子镇流器</td><td>DS/EN 61347-2-12</td></tr>
<tr><td>LED 模块用直流或交流电子控制装置</td><td>DS/EN 61347-2-13</td></tr>
<tr><td colspan="5">[1] DS/EN 60598-2 系列特殊要求标准需与通用要求标准 DS/EN 60598-1 同时使用；
[2] DS/EN 61347-2 系列特殊要求标准需与通用要求标准 DS/EN 61347-1 同时使用。</td></tr>
</table>

2.1.10 爱沙尼亚

2.1.10.1 照明产品市场准入要求与技术法规

爱沙尼亚作为欧盟国家，市场准入要求与技术法规执行本章 2.1.1.1 描述的欧盟地区要求。

2.1.10.2 照明产品认证要求与标志

爱沙尼亚的认证要求与标志采用本章 2.1.1.2 欧盟地区的相关要求。

2.1.10.3 照明产品主要国家差异与标准

电压 /V	频率 /Hz	主要官方语言	插头 / 插座	
			类型	插头 / 插座形式
230	50	爱沙尼亚语	C 型 F 型	

<table>
<tr><th rowspan="2">产品类别</th><th colspan="4">执行标准</th></tr>
<tr><th>安全[1,2]</th><th>能效</th><th>EMC</th><th>WiFi/RF</th></tr>
<tr><td>固定式灯具</td><td>EVS-EN 60598-2-1</td><td rowspan="7">2009/125/EC
2010/30/EU
（EU）No.1194/2012
（EU）2015/1428
（EC）No.245/2009
（EU）No.347/2010
（EU）No.874/2012</td><td rowspan="13">EVS-EN 55015
EVS-EN 61547
EVS-EN 61000-3-2
EVS-EN 61000-3-3
EVS-EN 61000-3-11
EVS-EN 61000-3-12</td><td rowspan="13">ETSI EN 300 328
欧盟 RED 指令</td></tr>
<tr><td>可移式灯具</td><td>EVS-EN 60598-2-4</td></tr>
<tr><td>嵌入式灯具</td><td>EVS-EN 60598-2-2</td></tr>
<tr><td>水族箱灯具</td><td>EVS-EN 60598-2-11</td></tr>
<tr><td>电源插座安装的夜灯</td><td>EVS-EN 60598-2-12</td></tr>
<tr><td>地面嵌入式灯具</td><td>EVS-EN 60598-2-13</td></tr>
<tr><td>儿童用可移式灯具</td><td>EVS-EN 60598-2-10</td></tr>
<tr><td>荧光灯用镇流器</td><td>EVS-EN 61347-2-8</td><td rowspan="6">2009/125/EC
2010/30/EU
（EU）No.1194/2012
（EU）2015/1428
（EC）No.245/2009
（EU）No.347/2010</td></tr>
<tr><td>放电灯（荧光灯除外）用镇流器</td><td>EVS-EN 61347-2-9</td></tr>
<tr><td>荧光灯用交流电子镇流器</td><td>EVS-EN 61347-2-3</td></tr>
<tr><td>放电灯（荧光灯除外）用直流或交流电子镇流器</td><td>EVS-EN 61347-2-12</td></tr>
<tr><td>LED 模块用直流或交流电子控制装置</td><td>EVS-EN 61347-2-13</td></tr>
<tr><td colspan="5">[1] EVS-EN 60598-2 系列特殊要求标准需与通用要求标准 EVS-EN 60598-1 同时使用；
[2] EVS-EN 61347-2 系列特殊要求标准需与通用要求标准 EVS-EN 61347-1 同时使用。</td></tr>
</table>

2.1.11 芬兰

2.1.11.1 照明产品市场准入要求与技术法规

芬兰作为欧盟国家，市场准入要求与技术法规执行本章 2.1.1.1 描述的欧盟地区要求。

2.1.11.2 照明产品认证要求与标志

芬兰的认证标志与要求采用本章 2.1.1.2 欧盟地区的相关要求。

2.1.11.3 照明产品主要国家差异与标准

电压 /V	频率 /Hz	主要官方语言	插头 / 插座	
			类型	插头 / 插座形式
230	50	芬兰语	C 型 F 型	

产品类别	执行标准			
	安全[1,2]	能效	EMC	WiFi/RF
固定式灯具	SFS–EN 60598–2–1	2009/125/EC 2010/30/EU （EU）No.1194/2012 （EU）2015/1428 （EC）No.245/2009 （EU）No.347/2010 （EU）No.874/2012	SFS–EN 55015 SFS–EN 61547 SFS–EN 61000–3–2 SFS–EN 61000–3–3 SFS–EN 61000–3–11 SFS–EN 61000–3–12	ETSI EN 300 328 欧盟 RED 指令
可移式灯具	SFS–EN 60598–2–4			
嵌入式灯具	SFS–EN 60598–2–2			
水族箱灯具	SFS–EN 60598–2–11			
电源插座安装的夜灯	SFS–EN 60598–2–12			
地面嵌入式灯具	SFS–EN 60598–2–13			
儿童用可移式灯具	SFS–EN 60598–2–10			
荧光灯用镇流器	SFS–EN 61347–2–8	2009/125/EC 2010/30/EU （EU）No.1194/2012 （EU）2015/1428 （EC）No.245/2009 （EU）No.347/2010		
放电灯（荧光灯除外）用镇流器	SFS–EN 61347–2–9			
荧光灯用交流电子镇流器	SFS–EN 61347–2–3			
放电灯（荧光灯除外）用直流或交流电子镇流器	SFS–EN 61347–2–12			
LED 模块用直流或交流电子控制装置	SFS–EN 61347–2–13			

[1] SFS–EN 60598–2 系列特殊要求标准需与通用要求标准 SFS–EN 60598–1 同时使用；
[2] SFS–EN 61347–2 系列特殊要求标准需与通用要求标准 SFS–EN 61347–1 同时使用。

2.1.12 法国

2.1.12.1 照明产品市场准入要求与技术法规

法国作为欧盟国家，市场准入要求与技术法规执行本章 2.1.1.1 描述的欧盟地区要求。

2.1.12.2 照明产品认证要求与标志

法国的认证要求与标志采用本章 2.1.1.2 欧盟地区的相关要求。

2.1.12.3 照明产品主要国家差异与标准

<table>
<tr><th rowspan="2">电压 /V</th><th rowspan="2">频率 /Hz</th><th rowspan="2">主要官方语言</th><th colspan="2">插头 / 插座</th></tr>
<tr><th>类型</th><th>插头 / 插座形式</th></tr>
<tr><td>230</td><td>50</td><td>法语</td><td>C 型
E 型</td><td></td></tr>
</table>

<table>
<tr><th rowspan="2">产品类别</th><th colspan="4">执行标准</th></tr>
<tr><th>安全[1,2]</th><th>能效</th><th>EMC</th><th>WiFi/RF</th></tr>
<tr><td>固定式灯具</td><td>NF EN 60598-2-1</td><td rowspan="7">2009/125/EC
2010/30/EU
（EU）No.1194/2012
（EU）2015/1428
（EC）No.245/2009
（EU）No.347/2010
（EU）No.874/2012</td><td rowspan="13">NF EN 55015
NF EN 61547
NF EN 61000-3-2
NF EN 61000-3-3
NF EN 61000-3-11
NF EN 61000-3-12</td><td rowspan="13">ETSI EN 300 328
欧盟 RED 指令</td></tr>
<tr><td>可移式灯具</td><td>NF EN 60598-2-4</td></tr>
<tr><td>嵌入式灯具</td><td>NF EN 60598-2-2</td></tr>
<tr><td>水族箱灯具</td><td>NF EN 60598-2-11</td></tr>
<tr><td>电源插座安装的夜灯</td><td>NF EN 60598-2-12</td></tr>
<tr><td>地面嵌入式灯具</td><td>NF EN 60598-2-13</td></tr>
<tr><td>儿童用可移式灯具</td><td>NF EN 60598-2-10</td></tr>
<tr><td>荧光灯用镇流器</td><td>NF EN 61347-2-8</td><td rowspan="6">2009/125/EC
2010/30/EU
（EU）No.1194/2012
（EU）2015/1428
（EC）No.245/2009
（EU）No.347/2010</td></tr>
<tr><td>放电灯（荧光灯除外）用镇流器</td><td>NF EN 61347-2-9</td></tr>
<tr><td>荧光灯用交流电子镇流器</td><td>NF EN 61347-2-3</td></tr>
<tr><td>放电灯（荧光灯除外）用直流或交流电子镇流器</td><td>NF EN 61347-2-12</td></tr>
<tr><td>LED 模块用直流或交流电子控制装置</td><td>NF EN 61347-2-13</td></tr>
<tr><td colspan="5">[1] NF EN 60598-2 系列特殊要求标准需与通用要求标准 NF EN 60598-1 同时使用；
[2] NF EN 61347-2 系列特殊要求标准需与通用要求标准 NF EN 61347-1 同时使用。</td></tr>
</table>

2.1.13 希腊

2.1.13.1 照明产品市场准入要求与技术法规

希腊作为欧盟国家，市场准入要求与技术法规执行本章 2.1.1.1 描述的欧盟地区要求。

2.1.13.2 照明产品认证要求与标志

希腊的认证要求与标志采用本章 2.1.1.2 欧盟地区的相关要求。

2.1.13.3 照明产品主要国家差异与标准

电压 /V	频率 /Hz	主要官方语言	插头 / 插座	
			类型	插头 / 插座形式
230	50	希腊语	C 型 F 型	

2.1.14 匈牙利

2.1.14.1 照明产品市场准入要求与技术法规

匈牙利作为欧盟国家，市场准入要求与技术法规执行本章 2.1.1.1 描述的欧盟地区要求。

2.1.14.2 照明产品认证要求与标志

匈牙利的认证要求与标志采用本章 2.1.1.2 欧盟地区的相关要求。

2.1.14.3 照明产品主要国家差异与标准

电压 /V	频率 /Hz	主要官方语言	插头 / 插座	
			类型	插头 / 插座形式
230	50	匈牙利语	C 型 F 型	

2.1.15 爱尔兰

2.1.15.1 照明产品市场准入要求与技术法规

爱尔兰作为欧盟国家，市场准入要求与技术法规执行本章 2.1.1.1 描述的欧盟地区要求。

2.1.15.2　照明产品认证要求与标志

爱尔兰的认证要求与标志采用本章 2.1.1.2 欧盟地区的相关要求。

2.1.15.3　照明产品主要国家差异与标准

电压 /V	频率 /Hz	主要官方语言	插头 / 插座	
			类型	插头 / 插座形式
230	50	爱尔兰语、英语	G 型	

2.1.16　意大利

2.1.16.1　照明产品市场准入要求与技术法规

意大利作为欧盟国家，市场准入要求与技术法规执行本章 2.1.1.1 描述的欧盟地区要求。

2.1.16.2　照明产品认证要求与标志

意大利的认证要求与标志采用本章 2.1.1.2 欧盟地区的相关要求。

2.1.16.3　照明产品主要国家差异与标准

电压 /V	频率 /Hz	主要官方语言	插头 / 插座	
			类型	插头 / 插座形式
230	50	意大利语	C 型 F 型 L 型	

2.1.17　拉脱维亚

2.1.17.1　照明产品市场准入要求与技术法规

拉脱维亚作为欧盟国家，市场准入要求与技术法规执行本章 2.1.1.1 描述的欧盟地区要求。

2.1.17.2　照明产品认证要求与标志

拉脱维亚的认证要求与标志采用本章 2.1.1.2 欧盟地区的相关要求。

2.1.17.3 照明产品主要国家差异与标准

电压 /V	频率 /Hz	主要官方语言	插头 / 插座	
			类型	插头 / 插座形式
230	50	拉脱维亚语	C 型 F 型	

2.1.18 立陶宛

2.1.18.1 照明产品市场准入要求与技术法规

立陶宛作为欧盟国家，市场准入要求与技术法规执行本章 2.1.1.1 描述的欧盟地区要求。

2.1.18.2 照明产品认证要求与标志

立陶宛的认证要求与标志采用本章 2.1.1.2 欧盟地区的相关要求。

2.1.18.3 照明产品主要国家差异与标准

电压 /V	频率 /Hz	主要官方语言	插头 / 插座	
			类型	插头 / 插座形式
230	50	立陶宛语	C 型 F 型	

2.1.19 卢森堡

2.1.19.1 照明产品市场准入要求与技术法规

卢森堡作为欧盟国家，市场准入要求与技术法规执行本章 2.1.1.1 描述的欧盟地区要求。

2.1.19.2 照明产品认证要求与标志

卢森堡的认证要求与标志采用本章 2.1.1.2 欧盟地区的相关要求。

2.1.19.3 照明产品主要国家差异与标准

电压 /V	频率 /Hz	主要官方语言	插头 / 插座	
			类型	插头 / 插座形式
230	50	卢森堡语、德语、法语	C 型 F 型	

2.1.20　马耳他

2.1.20.1　照明产品市场准入要求与技术法规

马耳他作为欧盟国家，市场准入要求与技术法规执行本章 2.1.1.1 描述的欧盟地区要求。

2.1.20.2　照明产品认证要求与标志

马耳他的认证要求与标志采用本章 2.1.1.2 欧盟地区的相关要求。

2.1.20.3　照明产品主要国家差异与标准

电压 /V	频率 /Hz	主要官方语言	插头 / 插座	
			类型	插头 / 插座形式
230	50	英语	G 型	

2.1.21　荷兰

2.1.21.1　照明产品市场准入要求与技术法规

荷兰作为欧盟国家，市场准入要求与技术法规执行本章 2.1.1.1 描述的欧盟地区要求。

2.1.21.2　照明产品认证要求与标志

荷兰的认证要求与标志采用本章 2.1.1.2 欧盟地区的相关要求。

2.1.21.3　照明产品主要国家差异与标准

电压 /V	频率 /Hz	主要官方语言	插头 / 插座	
			类型	插头 / 插座形式
230	50	荷兰语	C 型 F 型	

2.1.22　波兰

2.1.22.1　照明产品市场准入要求与技术法规

波兰作为欧盟国家，市场准入要求与技术法规执行本章 2.1.1.1 描述的欧盟地区要求。

2.1.22.2 照明产品认证要求与标志

波兰的认证要求与标志采用本章 2.1.1.2 欧盟地区的相关要求。

2.1.22.3 照明产品主要国家差异与标准

电压 /V	频率 /Hz	主要官方语言	插头 / 插座	
			类型	插头 / 插座形式
230	50	波兰语、德语、英语	C 型 F 型	

2.1.23 葡萄牙

2.1.23.1 照明产品市场准入要求与技术法规

葡萄牙作为欧盟国家，市场准入要求与技术法规执行本章 2.1.1.1 描述的欧盟地区要求。

2.1.23.2 照明产品认证要求与标志

葡萄牙的认证要求与标志采用本章 2.1.1.2 欧盟地区的相关要求。

2.1.23.3 照明产品主要国家差异与标注

电压 /V	频率 /Hz	主要官方语言	插头 / 插座	
			类型	插头 / 插座形式
230	50	葡萄牙语	C 型 F 型	

2.1.24 罗马尼亚

2.1.24.1 照明产品市场准入要求与技术法规

罗马尼亚作为欧盟国家，市场准入要求与技术法规执行本章 2.1.1.1 描述的欧盟地区要求。

2.1.24.2 照明产品认证要求与标志

罗马尼亚的认证要求与标志采用本章 2.1.1.2 欧盟地区的相关要求。

2.1.24.3　照明产品主要国家差异与标准

电压 /V	频率 /Hz	主要官方语言	插头 / 插座	
			类型	插头 / 插座形式
230	50	罗马尼亚语	C 型 F 型	 

2.1.25　斯洛伐克

2.1.25.1　照明产品市场准入要求与技术法规

斯洛伐克作为欧盟国家，市场准入要求与技术法规执行本章 2.1.1.1 描述的欧盟地区要求。

2.1.25.2　照明产品认证要求与标志

斯洛伐克的认证要求与标志采用本章 2.1.1.2 欧盟地区的相关要求。

2.1.25.3　照明产品主要国家差异与标准

电压 /V	频率 /Hz	主要官方语言	插头 / 插座	
			类型	插头 / 插座形式
230	50	斯洛伐克语	C 型 E 型	 

2.1.26　斯洛文尼亚

2.1.26.1　照明产品市场准入要求与技术法规

斯洛文尼亚作为欧盟国家，市场准入要求与技术法规执行本章 2.1.1.1 描述的欧盟地区要求。

2.1.26.2　照明产品认证要求与标志

斯洛文尼亚的认证要求与标志采用本章 2.1.1.2 欧盟地区的相关要求。

2.1.26.3　照明产品主要国家差异与标准

电压 /V	频率 /Hz	主要官方语言	插头 / 插座	
			类型	插头 / 插座形式
230	50	斯洛文尼亚语	C 型 F 型	 

2.1.27 西班牙

2.1.27.1 照明产品市场准入要求与技术法规

西班牙作为欧盟国家，市场准入要求与技术法规执行本章 2.1.1.1 描述的欧盟地区要求。

2.1.27.2 照明产品认证要求与标志

西班牙的认证要求与标志采用本章 2.1.1.2 欧盟地区的相关要求。

2.1.27.3 照明产品主要国家差异与标准

电压 /V	频率 /Hz	主要官方语言	插头 / 插座	
			类型	插头 / 插座形式
230	50	西班牙语	C 型 F 型	

产品类别	执行标准			
	安全[1,2]	能效	EMC	WiFi/RF
固定式灯具	UNE EN 60598-2-1	2009/125/EC 2010/30/EU （EU）No.1194/2012 （EU）2015/1428 （EC）No.245/2009 （EU）No.347/2010 （EU）No.874/2012	UNE EN 55015 UNE EN 61547 UNE EN 61000-3-2 UNE EN 61000-3-3 UNE EN 61000-3-11 UNE EN 61000-3-12	ETSI EN 300 328 欧盟 RED 指令
可移式灯具	UNE EN 60598-2-4			
嵌入式灯具	UNE EN 60598-2-2			
水族箱灯具	UNE EN 60598-2-11			
电源插座安装的夜灯	UNE EN 60598-2-12			
地面嵌入式灯具	UNE EN 60598-2-13			
儿童用可移式灯具	UNE EN 60598-2-10			
荧光灯用镇流器	UNE EN 61347-2-8	2009/125/EC 2010/30/EU （EU）No.1194/2012 （EU）2015/1428 （EC）No.245/2009 （EU）No.347/2010		
放电灯（荧光灯除外）用镇流器	UNE EN 61347-2-9			
荧光灯用交流电子镇流器	UNE EN 61347-2-3			
放电灯（荧光灯除外）用直流或交流电子镇流器	UNE EN 61347-2-12			
LED 模块用直流或交流电子控制装置	UNE EN 61347-2-13			

[1] UNE EN 60598-2 系列特殊要求标准需与通用要求标准 UNE EN 60598-1 同时使用；
[2] UNE EN 61347-2 系列特殊要求标准需与通用要求标准 UNE EN 61347-1 同时使用。

2.1.28　瑞典

2.1.28.1　照明产品市场准入要求与技术法规

瑞典作为欧盟国家，市场准入要求与技术法规执行本章 2.1.1.1 描述的欧盟地区要求。

2.1.28.2　照明产品认证要求与标志

瑞典的认证要求与标志采用本章 2.1.1.2 欧盟地区的相关要求。

2.1.28.3　照明产品主要国家差异与标准

电压 /V	频率 /Hz	主要官方语言	插头 / 插座	
			类型	插头 / 插座形式
230	50	瑞典语	C 型 F 型	

产品类别	执行标准			
	安全 [1,2]	能效	EMC	WiFi/RF
固定式灯具	SS EN 60598–2–1	2009/125/EC 2010/30/EU （EU）No.1194/2012 （EU）2015/1428 （EC）No.245/2009 （EU）No.347/2010 （EU）No.874/2012	SS EN 55015 SS EN 61547 SS EN 61000–3–2 SS EN 61000–3–3 SS EN 61000–3–11 SS EN 61000–3–12	ETSI EN 300 328 欧盟 RED 指令
可移式灯具	SS EN 60598–2–4			
嵌入式灯具	SS EN 60598–2–2			
水族箱灯具	SS EN 60598–2–11			
电源插座安装的夜灯	SS EN 60598–2–12			
地面嵌入式灯具	SS EN 60598–2–13			
儿童用可移式灯具	SS EN 60598–2–10			
荧光灯用镇流器	SS EN 61347–2–8	2009/125/EC 2010/30/EU （EU）No.1194/2012 （EU）2015/1428 （EC）No.245/2009 （EU）No.347/2010		
放电灯（荧光灯除外）用镇流器	SS EN 61347–2–9			
荧光灯用交流电子镇流器	SS EN 61347–2–3			
放电灯（荧光灯除外）用直流或交流电子镇流器	SS EN 61347–2–12			
LED 模块用直流或交流电子控制装置	SS EN 61347–2–13			

[1] SS EN 60598–2 系列特殊要求标准需与通用要求标准 SS EN 60598–1 同时使用；

[2] SS EN 61347–2 系列特殊要求标准需与通用要求标准 SS EN 61347–1 同时使用。

2.2 欧洲自由贸易联盟与欧洲经济区

欧洲自由贸易联盟（EFTA）又称“小自由贸易区”。1960 年 1 月 4 日，奥地利、丹麦、挪威、葡萄牙、瑞典、瑞士和英国在斯德哥尔摩签订《建立欧洲自由贸易联盟公约》，即《斯德哥尔摩公约》。该公约经各国议会批准后于同年 5 月 3 日生效，欧洲自由贸易联盟正式成立，简称欧贸联，总部设在日内瓦。随后，冰岛、芬兰、列支敦士登也陆续加入欧洲自由贸易联盟并成为正式成员。随着欧盟的影响日益扩大，英国、丹麦、葡萄牙、奥地利、瑞典、芬兰陆续退出欧贸联，加入欧盟。至 2001 年年底，欧洲自由贸易联盟还有四个成员国，分别是瑞士、挪威、冰岛和列支敦士登。

1994 年 1 月 1 日，由欧洲共同体 12 国和欧洲自由贸易联盟 7 国中的奥地利、芬兰、冰岛、挪威和瑞典 5 国组成的当今世界最大的自由贸易区——欧洲经济区（EEA）正式成立。欧洲经济区的诞生不仅改变了欧共体与欧洲自由贸易联盟的关系，同时也对西欧联合及世界经济产生了重大影响。现时欧洲经济区成员为四个欧洲自由贸易联盟成员中的三国：冰岛、列支顿士登和挪威（瑞士除外），以及 27 个欧盟成员国。欧洲经济区的非欧盟成员同意制定与欧盟相似的法律，包括社会政策、消费者保障、环境、公司法和统计。

2.2.1 挪威

2.2.1.1 照明产品市场准入要求与技术法规

挪威作为欧洲自由贸易联盟成员国之一，与欧盟签署了欧洲经济区协议，也成为了欧洲经济区的成员国之一。因此，挪威的市场准入要求与技术法规执行本章 2.1.1.1 描述的欧盟地区要求。

2.2.1.2 照明产品认证要求与标志

挪威的认证要求与标志采用本章 2.1.1.2 欧盟地区的相关要求。

2.2.1.3 照明产品主要国家差异与标准

电压 /V	频率 /Hz	主要官方语言	插头 / 插座	
			类型	插头 / 插座形式
230	50	挪威语	C 型 F 型	

<table>
<tr><th rowspan="2">产品类别</th><th colspan="4">执行标准</th></tr>
<tr><th>安全[1, 2]</th><th>能效</th><th>EMC</th><th>WiFi/RF</th></tr>
<tr><td>固定式灯具</td><td>NEK EN 60598-2-1</td><td rowspan="7">2009/125/EC
2010/30/EU
（EU）No.1194/2012
（EU）2015/1428
（EC）No.245/2009
（EU）No.347/2010
（EU）No.874/2012</td><td rowspan="12">NEK EN 55015
NEK EN 61547
NEK EN 61000-3-2
NEK EN 61000-3-3
NEK EN 61000-3-11
NEK EN 61000-3-12</td><td rowspan="12">ETSI EN 300 328
欧盟 RED 指令</td></tr>
<tr><td>可移式灯具</td><td>NEK EN 60598-2-4</td></tr>
<tr><td>嵌入式灯具</td><td>NEK EN 60598-2-2</td></tr>
<tr><td>水族箱灯具</td><td>NEK EN 60598-2-11</td></tr>
<tr><td>电源插座安装的夜灯</td><td>NEK EN 60598-2-12</td></tr>
<tr><td>地面嵌入式灯具</td><td>NEK EN 60598-2-13</td></tr>
<tr><td>儿童用可移式灯具</td><td>NEK EN 60598-2-10</td></tr>
<tr><td>荧光灯用镇流器</td><td>NEK EN 61347-2-8</td><td rowspan="5">2009/125/EC
2010/30/EU
（EU）No.1194/2012
（EU）2015/1428
（EC）No.245/2009
（EU）No.347/2010</td></tr>
<tr><td>放电灯（荧光灯除外）用镇流器</td><td>NEK EN 61347-2-9</td></tr>
<tr><td>荧光灯用交流电子镇流器</td><td>NEK EN 61347-2-3</td></tr>
<tr><td>放电灯（荧光灯除外）用直流或交流电子镇流器</td><td>NEK EN 61347-2-12</td></tr>
<tr><td>LED 模块用直流或交流电子控制装置</td><td>NEK EN 61347-2-13</td></tr>
<tr><td colspan="5">[1] NEK EN 60598-2 系列特殊要求标准需与通用要求标准 NEK EN 60598-1 同时使用；
[2] NEK EN 61347-2 系列特殊要求标准需与通用要求标准 NEK EN 61347-1 同时使用。</td></tr>
</table>

2.2.2　冰岛

2.2.2.1　照明产品市场准入要求与技术法规

冰岛作为欧洲自由贸易联盟成员国之一，与欧盟签署了欧洲经济区协议，也成为了欧洲经济区的成员国之一。因此，冰岛的市场准入要求与技术法规执行本章 2.1.1.1 描述的欧盟地区要求。

2.2.2.2　照明产品认证要求与标志

冰岛的认证要求与标志采用本章 2.1.1.2 欧盟地区的相关要求。

2.2.2.3 照明产品主要国家差异与标准

<table>
<tr><th rowspan="2">电压 /V</th><th rowspan="2">频率 /Hz</th><th rowspan="2">主要官方语言</th><th colspan="2">插头 / 插座</th></tr>
<tr><th>类型</th><th>插头 / 插座形式</th></tr>
<tr><td>230</td><td>50</td><td>冰岛语</td><td>C 型
F 型</td><td></td></tr>
</table>

<table>
<tr><th rowspan="2">产品类别</th><th colspan="4">执行标准</th></tr>
<tr><th>安全 [1, 2]</th><th>能效</th><th>EMC</th><th>WiFi/RF</th></tr>
<tr><td>固定式灯具</td><td>IST EN 60598-2-1</td><td rowspan="7">2009/125/EC
2010/30/EU
（EU）No.1194/2012
（EU）2015/1428
（EC）No.245/2009
（EU）No.347/2010
（EU）No.874/2012</td><td rowspan="13">IST EN 55015
IST EN 61547
IST EN 61000-3-2
IST EN 61000-3-3
IST EN 61000-3-11
IST EN 61000-3-12</td><td rowspan="13">ETSI EN 300 328
欧盟 RED 指令</td></tr>
<tr><td>可移式灯具</td><td>IST EN 60598-2-4</td></tr>
<tr><td>嵌入式灯具</td><td>IST EN 60598-2-2</td></tr>
<tr><td>水族箱灯具</td><td>IST EN 60598-2-11</td></tr>
<tr><td>电源插座安装的夜灯</td><td>IST EN 60598-2-12</td></tr>
<tr><td>地面嵌入式灯具</td><td>IST EN 60598-2-13</td></tr>
<tr><td>儿童用可移式灯具</td><td>IST EN 60598-2-10</td></tr>
<tr><td>荧光灯用镇流器</td><td>IST EN 61347-2-8</td><td rowspan="6">2009/125/EC
2010/30/EU
（EU）No.1194/2012
（EU）2015/1428
（EC）No.245/2009
（EU）No.347/2010</td></tr>
<tr><td>放电灯（荧光灯除外）用镇流器</td><td>IST EN 61347-2-9</td></tr>
<tr><td>荧光灯用交流电子镇流器</td><td>IST EN 61347-2-3</td></tr>
<tr><td>放电灯（荧光灯除外）用直流或交流电子镇流器</td><td>IST EN 61347-2-12</td></tr>
<tr><td>LED 模块用直流或交流电子控制装置</td><td>IST EN 61347-2-13</td></tr>
<tr><td colspan="5">[1] IST EN 60598-2 系列特殊要求标准需与通用要求标准 IST EN 60598-1 同时使用；
[2] IST EN 61347-2 系列特殊要求标准需与通用要求标准 IST EN 61347-1 同时使用。</td></tr>
</table>

2.2.3 列支敦士登

2.2.3.1 照明产品市场准入要求与技术法规

列支敦士登作为欧洲自由贸易联盟成员国之一，与欧盟签署了欧洲经济区协议，也成为了欧洲经济区的成员国之一。因此，列支敦士登的市场准入要求与技术法规执行本章 2.1.1.1 描述的欧盟地区要求。

2.2.3.2　照明产品认证要求与标志

列支敦士登的认证要求与标志采用本章 2.1.1.2 欧盟地区的相关要求。

2.2.3.3　照明产品主要国家差异与标准

电压 /V	频率 /Hz	主要官方语言	插头 / 插座	
			类型	插头 / 插座形式
230	50	德语	C 型 J 型	

2.2.4　瑞士

2.2.4.1　照明产品市场准入要求与技术法规

瑞士公民在公投中否决加入欧洲经济区。瑞士通过瑞士 – 欧盟双边互认协议参与欧洲单一市场。对于签署了双边协议的法规，瑞士的市场准入要求与技术法规执行本章 2.1.1.1 描述的欧盟地区要求。瑞士——欧盟双边协议涵盖了电器安全、EMC 等 20 个产品领域。对于照明产品来说，除了 CE–LVD 和 CE–EMC 要求外，瑞士针对某些特定产品还有能效方面的要求：

类别	准入和法规要求	法规名称	产品范围
能效标签	规定产品进入瑞士市场，必须符合瑞士颁布的能源法规的要求，并加贴能源标签，才能在瑞士市场上销售	能源法规	家用灯具类产品

2.2.4.2　照明产品认证要求与标志

瑞士的认证标志与要求采用本章 2.1.1.2 欧盟地区的相关要求。此外，能效法规的认证要求和标志要求如下：

类别	认证要求	认证标志
能效标签	根据能源法规加贴强制性能效标签，向指定机构申请，按照法规规定的标准进行测试，根据测试结果数据制作能效标签	ENERG A+++ A++ A+ A B C D A++ XYZ kWh/annum XYZ L YZ L YZ dB 2010/1060

2.2.4.3 照明产品主要国家差异与标准

电压 /V	频率 /Hz	主要官方语言	插头 / 插座	
			类型	插头 / 插座形式
230	50	德语、法语、意大利语	C 型 J 型	

产品类别	执行标准			
	安全[1, 2]	能效	EMC	WiFi/RF
固定式灯具	SN EN 60598-2-1	2009/125/EC 2010/30/EU （EU）No.1194/2012 （EU）2015/1428 （EC）No.245/2009 （EU）No.347/2010 （EU）No.874/2012	SN EN 55015 SN EN 61547 SN EN 61000-3-2 SN EN 61000-3-3 SN EN 61000-3-11 SN EN 61000-3-12	ETSI EN 300 328 欧盟 RED 指令
可移式灯具	SN EN 60598-2-4			
嵌入式灯具	SN EN 60598-2-2			
水族箱灯具	SN EN 60598-2-11			
电源插座安装的夜灯	SN EN 60598-2-12			
地面嵌入式灯具	SN EN 60598-2-13			
儿童用可移式灯具	SN EN 60598-2-10			
荧光灯用镇流器	SN EN 61347-2-8	2009/125/EC 2010/30/EU （EU）No.1194/2012 （EU）2015/1428 （EC）No.245/2009 （EU）No.347/2010		
放电灯（荧光灯除外）用镇流器	SN EN 61347-2-9			
荧光灯用交流电子镇流器	SN EN 61347-2-3			
放电灯（荧光灯除外）用直流或交流电子镇流器	SN EN 61347-2-12			
LED 模块用直流或交流电子控制装置	SN EN 61347-2-13			

[1] SN EN 60598-2 系列特殊要求标准需与通用要求标准 SN EN 60598-1 同时使用；
[2] SN EN 61347-2 系列特殊要求标准需与通用要求标准 SN EN 61347-1 同时使用。

2.3　海关联盟和欧亚经济联盟

2009 年 11 月 27 日，俄罗斯、白俄罗斯、哈萨克斯坦三国元首签署了包括《关税同盟海关法典》在内的 9 个文件，俄白哈海关联盟正式成立，简称海关联盟。海关联盟成员目前有 5 个国家：俄罗斯，白俄罗斯、哈萨克斯坦、亚美尼亚和吉尔吉斯斯坦。

2014 年 5 月 29 日，俄罗斯、白俄罗斯和哈萨克斯坦三国总统在哈首都阿斯塔纳签署《欧亚经济联盟条约》，宣布欧亚经济联盟将于 2015 年 1 月 1 日正式启动。目前，欧亚经济联盟成员与海关联盟的五个国家是一样的，分别是俄罗斯，白俄罗斯、哈萨克斯坦、亚美尼亚和吉尔吉斯斯坦。目前的欧亚经济联盟成员国，即海关联盟成员国，均接受海关联盟技术法规作为市场准入要求的法规。

2.3.1　海关联盟

2.3.1.1　照明产品市场准入要求与技术法规

类别	准入和法规要求	产品范围
安全	规定范围内的产品进入海关联盟市场，必须符合海关联盟技术法规的相关要求，并加贴 EAC 标志和特定指令要求的标签或标识，方可在海关联盟市场上销售	额定电压为交流电压 50V~1000V 和直流电压 75V~1500V 的灯具和灯控制装置类产品
EMC		
无线通讯射频（仅限 WiFi）	范围内产品须通过测试并获得核准证书方可在市场上销售	带有无线通讯模块的灯具和灯控制装置类产品（仅限 2.4GHz WiFi 无线接入设备）

2.3.1.2　照明产品认证要求与标志

类别	认证要求	认证标志
安全	型式试验 + 工厂检查（通过 ISO 9001 管理体系认证的企业可免），加贴强制性的 EAC 标志	
电磁兼容（EMC）		
无线通讯射频（仅限 WiFi）	根据政府法规进行测试和核准	—

2.3.1.3 照明产品主要地区差异与标准

产品类别	执行标准			
	安全[1,2]	能效	EMC	WiFi/RF
固定式灯具	Г О С Т IEC 60598-2-1	—	CISPR 15 IEC 61547 IEC 61000-3-2 IEC 61000-3-3 IEC 61000-3-11 IEC 61000-3-12	ETSI EN 300 328 欧盟 RED 指令
可移式灯具	Г О С Т IEC 60598-2-4	—		
嵌入式灯具	Г О С Т IEC 60598-2-2	—		
水族箱灯具	Г О С Т IEC 60598-2-11	—		
电源插座安装的夜灯	Г О С Т IEC 60598-2-12	—		
地面嵌入式灯具	Г О С Т IEC 60598-2-13	—		
儿童用可移式灯具	Г О С Т IEC 60598-2-10	—		
荧光灯用镇流器	Г О С Т IEC 61347-2-8	—		
放电灯（荧光灯除外）用镇流器	Г О С Т IEC 61347-2-9	—		
荧光灯用交流电子镇流器	Г О С Т IEC 61347-2-3	—		
放电灯（荧光灯除外）用直流或交流电子镇流器	Г О С Т IEC 61347-2-12	—		
LED 模块用直流或交流电子控制装置	Г О С Т IEC 61347-2-13	—		

[1] Г О С Т IEC 60598-2 系列特殊要求标准需与通用要求标准 Г О С Т IEC 60598-1 同时使用；
[2] Г О С Т IEC 61347-2 系列特殊要求标准需与通用要求标准 Г О С Т IEC 61347-1 同时使用。

2.3.2 俄罗斯

2.3.2.1 照明产品市场准入要求与技术法规

俄罗斯作为海关联盟国家，市场准入要求与技术法规执行 2.3.1.1 描述的海关联盟地区要求。

2.3.2.2 照明产品认证要求与标志

俄罗斯的认证要求与标志采用 2.3.1.2 海关联盟地区的相关要求。

2.3.2.3 照明产品主要国家差异与标准

电压 /V	频率 /Hz	主要官方语言	插头 / 插座	
			类型	插头 / 插座形式
230	50	俄语	C 型 F 型	

<table>
<tr><th rowspan="2">产品类别</th><th colspan="4">执行标准</th></tr>
<tr><th>安全[1, 2]</th><th>能效</th><th>EMC</th><th>WiFi/RF</th></tr>
<tr><td>固定式灯具</td><td>GOST R IEC 60598-2-1</td><td>—</td><td rowspan="12">CISPR 15
IEC 61547
IEC 61000-3-2
IEC 61000-3-3
IEC 61000-3-11
IEC 61000-3-12</td><td rowspan="12">ETSI EN 300 328
欧盟 RED 指令</td></tr>
<tr><td>可移式灯具</td><td>GOST R IEC 60598-2-4</td><td>—</td></tr>
<tr><td>嵌入式灯具</td><td>GOST R IEC 60598-2-2</td><td>—</td></tr>
<tr><td>水族箱灯具</td><td>GOST R IEC 60598-2-11</td><td>—</td></tr>
<tr><td>电源插座安装的夜灯</td><td>GOST R IEC 60598-2-12</td><td>—</td></tr>
<tr><td>地面嵌入式灯具</td><td>GOST R IEC 60598-2-13</td><td>—</td></tr>
<tr><td>儿童用可移式灯具</td><td>GOST R IEC 60598-2-10</td><td>—</td></tr>
<tr><td>荧光灯用镇流器</td><td>GOST R IEC 61347-2-8</td><td>—</td></tr>
<tr><td>放电灯（荧光灯除外）用镇流器</td><td>GOST R IEC 61347-2-9</td><td>—</td></tr>
<tr><td>荧光灯用交流电子镇流器</td><td>GOST R IEC 61347-2-3</td><td>—</td></tr>
<tr><td>LED 模块用直流或交流电子控制装置</td><td>GOST R IEC 61347-2-13</td><td>—</td></tr>
<tr><td colspan="5">[1] GOST R IEC 60598-2 系列特殊要求标准需与通用要求标准 GOST R IEC 60598-1 同时使用；
[2] GOST R IEC 61347-2 系列特殊要求标准需与通用要求标准 GOST R IEC 61347-1 同时使用。</td></tr>
</table>

2.3.3　白俄罗斯

2.3.3.1　照明产品市场准入要求与技术法规

白俄罗斯作为海关联盟国家，市场准入要求与技术法规执行 2.3.1.1 描述的欧盟地区要求。

2.3.3.2　照明产品认证要求与标志

白俄罗斯的认证要求与标志采用 2.3.1.2 欧盟地区的相关要求。

2.3.3.3　照明产品主要国家差异与标准

<table>
<tr><th rowspan="2">电压 /V</th><th rowspan="2">频率 /Hz</th><th rowspan="2">主要官方语言</th><th colspan="2">插头 / 插座</th></tr>
<tr><th>类型</th><th>插头 / 插座形式</th></tr>
<tr><td>230</td><td>50</td><td>白俄罗斯语、俄语</td><td>C 型
F 型</td><td></td></tr>
</table>

<table>
<tr><th rowspan="2">产品类别</th><th colspan="4">执行标准</th></tr>
<tr><th>安全[1, 2]</th><th>能效</th><th>EMC</th><th>WiFi/RF</th></tr>
<tr><td>可移式灯具</td><td>STB IEC 60598-2-4</td><td>—</td><td rowspan="10">CISPR 15
IEC 61547
IEC 61000-3-2
IEC 61000-3-3
IEC 61000-3-11
IEC 61000-3-12</td><td rowspan="10">ETSI EN 300 328
欧盟 RED 指令</td></tr>
<tr><td>嵌入式灯具</td><td>STB IEC 60598-2-2</td><td>—</td></tr>
<tr><td>电源插座安装的夜灯</td><td>GOST IEC 60598-2-12</td><td>—</td></tr>
<tr><td>地面嵌入式灯具</td><td>GOST IEC 60598-2-13</td><td>—</td></tr>
<tr><td>儿童用可移式灯具</td><td>GOST IEC 60598-2-10</td><td>—</td></tr>
<tr><td>荧光灯用镇流器</td><td>GOST IEC 61347-2-8</td><td>—</td></tr>
<tr><td>放电灯（荧光灯除外）用镇流器</td><td>GOST IEC 61347-2-9</td><td>—</td></tr>
<tr><td>荧光灯用交流电子镇流器</td><td>STB IEC 61347-2-3</td><td>—</td></tr>
<tr><td>放电灯（荧光灯除外）用直流或交流电子镇流器</td><td>GOST IEC 61347-2-12</td><td>—</td></tr>
<tr><td>LED 模块用直流或交流电子控制装置</td><td>GOST IEC 61347-2-13</td><td>—</td></tr>
<tr><td colspan="5">[1] STB IEC 60598-2 系列特殊要求标准需与通用要求标准 STB IEC 60598-1 同时使用；
[2] STB IEC 61347-2 系列特殊要求标准需与通用要求标准 STB IEC 61347-1 同时使用。</td></tr>
</table>

2.4 其他国家

2.4.1 英国

2.4.1.1 照明产品市场准入要求与技术法规

作为原欧盟成员国，英国于 2016 年进行脱欧公投，退出欧盟，但其市场准入要求与技术法规仍然执行本章 2.1.1.1 描述的欧盟地区要求。同时，英国的风筝标志（BSI）因为市场的普遍接受程度而成为照明产品提升质量水平和市场竞争力的标识，尤其当电器产品用在建筑上提供给消费者使用时，通常采购方会要求电器产品获得 BSI 的风筝标志。

2.4.1.2 照明产品认证要求与标志

英国的认证要求与标志采用本章 2.1.1.2 欧盟地区的相关要求。

英国 BSI 风筝标志与认证要求如下：

类别	认证要求	产品范围	认证标志
安全	向 BSI 认证机构申请产品认证，依据 BSI 标准或 BS-EN 标准进行产品测试 + 工厂审查	家用电器	

2.4.1.3 照明产品主要国家差异与标准

电压 /V	频率 /Hz	主要官方语言	插头 / 插座	
			类型	插头 / 插座形式
230	50	英语	G 型	

产品类别	执行标准			
	安全[1,2]	能效	EMC	WiFi/RF
固定式灯具	BS EN 60598-2-1	2009/125/EC 2010/30/EU （EU）No.1194/2012 （EU）2015/1428 （EC）No.245/2009 （EU）No.347/2010 （EU）No.874/2012	BS EN 55015 BS EN 61547 BS EN 61000-3-2 BS EN 61000-3-3 BS EN 61000-3-11 BS EN 61000-3-12	ETSI EN 300 328 欧盟 RED 指令
可移式灯具	BS EN 60598-2-4			
嵌入式灯具	BS EN 60598-2-2			
水族箱灯具	BS EN 60598-2-11			
电源插座安装的夜灯	BS EN 60598-2-12			
地面嵌入式灯具	BS EN 60598-2-13			
儿童用可移式灯具	BS EN 60598-2-10			
荧光灯用镇流器	BS EN 61347-2-8	2009/125/EC 2010/30/EU （EU）No.1194/2012 （EU）2015/1428 （EC）No.245/2009 （EU）No.347/2010		
放电灯（荧光灯除外）用镇流器	BS EN 61347-2-9			
荧光灯用交流电子镇流器	BS EN 61347-2-3			
放电灯（荧光灯除外）用直流或交流电子镇流器	BS EN 61347-2-12			
LED 模块用直流或交流电子控制装置	BS EN 61347-2-13			
[1] BS EN 60598-2 系列特殊要求标准需与通用要求标准 BS EN 60598-1 同时使用； [2] BS EN 61347-2 系列特殊要求标准需与通用要求标准 BS EN 61347-1 同时使用。				

2.4.2 乌克兰

2.4.2.1 照明产品市场准入要求与技术法规

类别	准入和法规要求	法规名称	产品范围
安全	须符合乌克兰颁布的相关技术法规要求，并加贴符合性标志和特定指令要求的标签或标识，方可进入乌克兰市场销售	低电压电器设备技术法规 等同于欧盟 2014/35/EU 低电压（LVD）指令	在额定电压为交流 50V~1000V 和直流 75V~1500V 下使用的灯具和灯控制装置类产品
电磁兼容（EMC）		设备电磁兼容性技术法规 等同于欧盟 2014/30/EU 电磁兼容性（EMC）指令	能够产生电磁干扰或可能被此类电磁干扰所影响的设备
环保		电气电子设备限制使用有害物质技术法规 等同于欧盟 2011/65/EU RoHS 指令	灯具和灯控制装置类产品
无线通信射频（仅限 WiFi）		无线设备技术法规 等同于欧盟无线设备（RED）指令 2014/53/EU	带有无线通讯模块的灯具和灯控制装置类产品（仅限 2.4GHz WiFi 无线接入设备）

2.4.2.2 照明产品认证要求与标志

乌克兰从 2015 年开始实施《合格评定技术法规》，废止了原有的强制性产品认证制度，依据强制性的技术法规，采用欧盟立法所规定的合格评定模式进行合格评定，按照 EN 标准或国际标准对产品进行测试。

能效标签法规所指定的产品，应按照相应的能效标签技术法规的有关规定，依据测试结果数据标称能效等级，并制作能效标签。

2.4.2.3 照明产品主要国家差异与标准

电压 /V	频率 /Hz	主要官方语言	插头 / 插座	
			类型	插头 / 插座形式
220	50	乌克兰语、俄语	C 型 F 型	

2.4.3　法罗群岛

照明产品主要国家差异与标准

电压 /V	频率 /Hz	主要官方语言	插头 / 插座	
			类型	插头 / 插座形式
230	50	法罗语、丹麦语	C 型 F 型 E 型 K 型	

2.4.4　摩尔多瓦

2.4.4.1　照明产品市场准入要求与技术法规

摩尔多瓦虽然没有加入欧盟，但已出台《技术法规实施法》，将本国相关法律与欧盟的产品销售、合格评定以及市场监督相关指令协调一致。因此，摩尔多瓦的市场准入要求与技术法规执行本章 2.1.1.1 描述的欧盟地区要求。

2.4.4.2　照明产品认证要求与标志

摩尔多瓦的认证要求与标志采用 2.1.1.2 欧盟地区的相关要求。

2.4.4.3　照明产品主要国家差异与标准

电压 /V	频率 /Hz	主要官方语言	插头 / 插座	
			类型	插头 / 插座形式
220	50	摩尔多瓦语	C 型 F 型	

产品类别	执行标准			
	安全[1,2]	能效	EMC	WiFi/RF
固定式灯具	SM SR EN 60598-2-1	2009/125/EC 2010/30/EU （EU）No.1194/2012 （EU）2015/1428 （EC）No.245/2009 （EU）No.347/2010 （EU）No.874/2012	SM SR EN 55015 SM SR EN 61547 SM SR EN 61000-3-2 SM SR EN 61000-3-3 SM SR EN 61000-3-11 SM SR EN 61000-3-12	ETSI EN 300 328 欧盟 RED 指令
可移式灯具	SM SR EN 60598-2-4			
嵌入式灯具	SM SR EN 60598-2-2			
水族箱灯具	SM SR EN 60598-2-11			
电源插座安装的夜灯	SM SR EN 60598-2-12			
地面嵌入式灯具	SM SR EN 60598-2-13			
儿童用可移式灯具	SM SR EN 60598-2-10			
荧光灯用镇流器	SM SR EN 61347-2-8	2009/125/EC 2010/30/EU （EU）No.1194/2012 （EU）2015/1428 （EC）No.245/2009 （EU）No.347/2010		
放电灯（荧光灯除外）用镇流器	SM SR EN 61347-2-9			
荧光灯用交流电子镇流器	SM SR EN 61347-2-3			
放电灯（荧光灯除外）用直流或交流电子镇流器	SM SR EN 61347-2-12			
LED 模块用直流或交流电子控制装置	SM SR EN 61347-2-13			
[1] SM SR EN 60598-2 系列特殊要求标准需与通用要求标准 SM SR EN 60598-1 同时使用； [2] SM SR EN 61347-2 系列特殊要求标准需与通用要求标准 SM SR EN 61347-1 同时使用。				

2.4.5 摩纳哥

2.4.5.1 照明产品市场准入要求与技术法规

摩纳哥与法国缔结了海关联盟协议，成为欧盟海关辖区的一部分，和欧盟成员国之一的法国一样，实施统一的《海关法典》。摩纳哥的市场准入要求与技术法规执行本章 2.1.1.1 描述的欧盟地区要求。

2.4.5.2 照明产品认证要求与标志

摩纳哥的市场准入标志和认证要求与 2.1.1.2 欧盟地区的相关内容相同。

2.4.5.3 照明产品主要国家差异与标准

电压 /V	频率 /Hz	主要官方语言	插头 / 插座	
			类型	插头 / 插座形式
230	50	法语	C 型 D 型 E 型 F 型	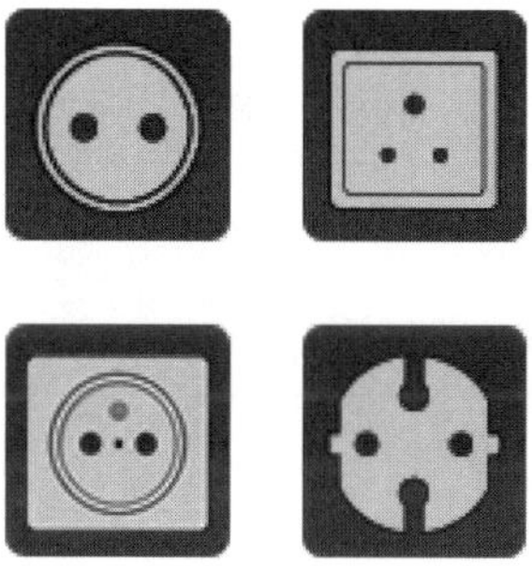

2.4.6 塞尔维亚

2.4.6.1 照明产品市场准入要求与技术法规

塞尔维亚作为欧盟成员候选国，正在加入欧盟的谈判中。因此，塞尔维亚接受欧盟的相关法律法规，其市场准入要求与技术法规执行本章 2.1.1.1 描述的欧盟地区要求。

2.4.6.2 照明产品认证要求与标志

塞尔维亚的认证要求与标志采用 2.1.1.2 欧盟地区的相关要求。

2.4.6.3 照明产品主要国家差异与标准

电压 /V	频率 /Hz	主要官方语言	插头 / 插座	
			类型	插头 / 插座形式
220	50	塞尔维亚语	C 型 F 型	

<table>
<tr><th rowspan="2">产品类别</th><th colspan="4">执行标准</th></tr>
<tr><th>安全[1,2]</th><th>能效</th><th>EMC</th><th>WiFi/RF</th></tr>
<tr><td>固定式灯具</td><td>SRPS EN 60598-2-1</td><td rowspan="7">2009/125/EC
2010/30/EU
（EU）No.1194/2012
（EU）2015/1428
（EC）No.245/2009
（EU）No.347/2010
（EU）No.874/2012</td><td rowspan="13">SRPSEN 55015
SM SR EN 61547
SM SR EN 61000-3-2
SM SR EN 61000-3-3
SM SR EN 61000-3-11
SM SR EN 61000-3-12</td><td rowspan="13">ETSI EN 300 328
欧盟 RED 指令</td></tr>
<tr><td>可移式灯具</td><td>SRPS EN 60598-2-4</td></tr>
<tr><td>嵌入式灯具</td><td>SRPS EN 60598-2-2</td></tr>
<tr><td>水族箱灯具</td><td>SRPS EN 60598-2-11</td></tr>
<tr><td>电源插座安装的夜灯</td><td>SRPS EN 60598-2-12</td></tr>
<tr><td>地面嵌入式灯具</td><td>SRPS EN 60598-2-13</td></tr>
<tr><td>儿童用可移式灯具</td><td>SRPS EN 60598-2-10</td></tr>
<tr><td>荧光灯用镇流器</td><td>SRPS EN 61347-2-8</td><td rowspan="6">2009/125/EC
2010/30/EU
（EU）No.1194/2012
（EU）2015/1428
（EC）No.245/2009
（EU）No.347/2010</td></tr>
<tr><td>放电灯（荧光灯除外）用镇流器</td><td>SRPS EN 61347-2-9</td></tr>
<tr><td>荧光灯用交流电子镇流器</td><td>SRPS EN 61347-2-3</td></tr>
<tr><td>放电灯（荧光灯除外）用直流或交流电子镇流器</td><td>SRPS EN 61347-2-12</td></tr>
<tr><td>LED 模块用直流或交流电子控制装置</td><td>SRPS EN 61347-2-13</td></tr>
<tr><td colspan="5">[1] SRPS EN 60598-2 系列特殊要求标准需与通用要求标准 SRPS EN 60598-1 同时使用；
[2] SRPS EN 61347-2 系列特殊要求标准需与通用要求标准 SRPS EN 61347-1 同时使用。</td></tr>
</table>

2.4.7 黑山

2.4.7.1 照明产品市场准入要求与技术法规

黑山加入欧盟谈判与 2012 年 6 月 29 日开始，预计于 2019 年结束。因此，黑山接受欧盟的相关法律法规，其市场准入要求与技术法规执行本章 2.1.1.1 描述的欧盟地区要求。

2.4.7.2 照明产品认证要求与标志

黑山的市场准入标志和认证要求与 2.1.1.2 欧盟地区的相关内容相同。

2.4.7.3　照明产品主要国家差异与标准

<table>
<tr><th rowspan="2">电压 /V</th><th rowspan="2">频率 /Hz</th><th rowspan="2">主要官方语言</th><th colspan="2">插头 / 插座</th></tr>
<tr><th>类型</th><th>插头 / 插座形式</th></tr>
<tr><td>230</td><td>50</td><td>黑山语</td><td>C 型
F 型</td><td></td></tr>
</table>

<table>
<tr><th rowspan="2">产品类别</th><th colspan="4">执行标准</th></tr>
<tr><th>安全[1]</th><th>能效</th><th>EMC</th><th>WiFi/RF</th></tr>
<tr><td>固定式灯具</td><td>MEST EN 60598-2-1</td><td rowspan="7">2009/125/EC
2010/30/EU
（EU）No.1194/2012
（EU）2015/1428
（EC）No.245/2009
（EU）No.347/2010
（EU）No.874/2012</td><td rowspan="13">MEST EN 55015
MEST EN 61547
MEST EN 61000-3-2
MEST EN 61000-3-3
MEST EN 61000-3-11
MEST EN 61000-3-12</td><td rowspan="13">ETSI EN 300 328
欧盟 RED 指令</td></tr>
<tr><td>可移式灯具</td><td>MEST EN 60598-2-4</td></tr>
<tr><td>嵌入式灯具</td><td>MEST EN 60598-2-2</td></tr>
<tr><td>水族箱灯具</td><td>MEST EN 60598-2-11</td></tr>
<tr><td>电源插座安装的夜灯</td><td>MEST EN 60598-2-12</td></tr>
<tr><td>地面嵌入式灯具</td><td>MEST EN 60598-2-13</td></tr>
<tr><td>儿童用可移式灯具</td><td>MEST EN 60598-2-10</td></tr>
<tr><td>荧光灯用镇流器</td><td>MEST EN 61347-2-8</td><td rowspan="6">2009/125/EC
2010/30/EU
（EU）No.1194/2012
（EU）2015/1428
（EC）No.245/2009
（EU）No.347/2010</td></tr>
<tr><td>放电灯（荧光灯除外）用镇流器</td><td>MEST EN 61347-2-9</td></tr>
<tr><td>荧光灯用交流电子镇流器</td><td>MEST EN 61347-2-3</td></tr>
<tr><td>放电灯（荧光灯除外）用直流或交流电子镇流器</td><td>MEST EN 61347-2-12</td></tr>
<tr><td>LED 模块用直流或交流电子控制装置</td><td>MEST EN 61347-2-13</td></tr>
<tr><td colspan="5">[1] MEST EN 60598-2 系列特殊要求标准需与通用要求标准 MEST EN 60598-1 同时使用。</td></tr>
</table>

2.4.8 阿尔巴尼亚

2.4.8.1 照明产品市场准入要求与技术法规

阿尔巴尼亚作为欧盟成员候选国，接受欧盟的相关法律法规。因此，阿尔巴尼亚的市场准入要求与技术法规执行本章 2.1.1.1 描述的欧盟地区要求。

2.4.8.2 照明产品认证要求与标志

阿尔巴尼亚的认证要求与标志采用 2.1.1.2 欧盟地区的相关要求。

2.4.8.3 照明产品主要国家差异与标准

电压 /V	频率 /Hz	主要官方语言	插头 / 插座	
			类型	插头 / 插座形式
230	50	阿尔巴尼亚语	C 型 F 型	

产品类别	执行标准			
	安全[1,2]	能效	EMC	WiFi/RF
固定式灯具	SSH EN 60598-2-1	2009/125/EC 2010/30/EU （EU）No.1194/2012 （EU）2015/1428 （EC）No.245/2009 （EU）No.347/2010 （EU）No.874/2012	SSH EN 55015 SSH EN 61547 SSH EN 61000-3-2 SSH EN 61000-3-3 SSH EN 61000-3-11 SSH EN 61000-3-12	ETSI EN 300 328 欧盟 RED 指令
可移式灯具	SSH EN 60598-2-4			
嵌入式灯具	SSH EN 60598-2-2			
水族箱灯具	SSH EN 60598-2-11			
电源插座安装的夜灯	SSH EN 60598-2-12			
地面嵌入式灯具	SSH EN 60598-2-13			
儿童用可移式灯具	SSH EN 60598-2-10			
荧光灯用镇流器	SSH EN 61347-2-8	2009/125/EC 2010/30/EU （EU）No.1194/2012 （EU）2015/1428 （EC）No.245/2009 （EU）No.347/2010		
放电灯（荧光灯除外）用镇流器	SSH EN 61347-2-9			
荧光灯用交流电子镇流器	SSH EN 61347-2-3			
放电灯（荧光灯除外）用直流或交流电子镇流器	SSH EN 61347-2-12			
LED 模块用直流或交流电子控制装置	SSH EN 61347-2-13			

[1] SSH EN 60598-2 系列特殊要求标准需与通用要求标准 SSH EN 60598-1 同时使用；

[2] SSH EN 61347-2 系列特殊要求标准需与通用要求标准 SSH EN 61347-1 同时使用。

2.4.9 马其顿

2.4.9.1 照明产品市场准入要求与技术法规

马其顿作为欧盟成员候选国，接受欧盟的相关法律法规。因此，马其顿的市场准入要求与技术法规执行本章 2.1.1.1 描述的欧盟地区要求。

2.4.9.2 照明产品认证要求与标志

马其顿的认证要求与标志采用 2.1.1.2 欧盟地区的相关要求。

2.4.9.3 照明产品主要国家差异与标准

电压 /V	频率 /Hz	主要官方语言	插头 / 插座	
			类型	插头 / 插座形式
230	50	马其顿语	C 型 F 型	

2.4.10 圣马力诺

2.4.10.1 照明产品市场准入要求与技术法规

圣马力诺与欧盟缔结了海关联盟协议，和欧盟成员国一样，实施统一的《海关法典》，市场准入要求与技术法规执行本章 2.1.1.1 描述的欧盟地区要求。

2.4.10.2 照明产品认证要求与标志

圣马力诺的认证要求与标志采用 2.1.1.2 欧盟地区的相关要求。

2.4.10.3 照明产品主要国家差异与标准

电压 /V	频率 /Hz	主要官方语言	插头 / 插座	
			类型	插头 / 插座形式
230	50	意大利语	C 型 F 型 L 型	

2.4.11 安道尔

2.4.11.1 照明产品市场准入要求与技术法规

安道尔与欧盟缔结了海关联盟协议，和欧盟其他成员国一样，实施统一的《海关法典》，市场准入要求与技术法规执行本章 2.1.1.1 描述的欧盟地区要求。

2.4.11.2 照明产品认证要求与标志

安道尔的认证要求与标志采用 2.1.1.2 欧盟地区的相关要求。

2.4.11.3 照明产品主要国家差异与标准

电压 /V	频率 /Hz	主要官方语言	插头 / 插座	
			类型	插头 / 插座形式
230	50	加泰罗尼亚语	C 型 F 型	

2.4.12 波黑

2.4.12.1 照明产品市场准入要求与技术法规

波黑于 2016 年 2 月 15 日提出了加入欧盟的申请，并于 2016 年 12 月 9 日收到欧盟发出的加盟调查问卷。因此，波黑接受欧盟的相关法律法规，其市场准入要求与技术法规执行本章 2.1.1.1 描述的欧盟地区要求。

2.4.12.2 照明产品认证要求与标志

波黑的认证要求与标志采用 2.1.1.2 欧盟地区的相关要求。

2.4.12.3 照明产品主要国家差异与标准

电压 /V	频率 /Hz	主要官方语言	插头 / 插座	
			类型	插头 / 插座形式
230	50	波斯尼亚语、塞尔维亚语	C 型 F 型	

<table>
<tr><th rowspan="2">产品类别</th><th colspan="4">执行标准</th></tr>
<tr><th>安全[1,2]</th><th>能效</th><th>EMC</th><th>WiFi/RF</th></tr>
<tr><td>固定式灯具</td><td>BAS EN 60598-2-1</td><td rowspan="7">2009/125/EC
2010/30/EU
（EU）No.1194/2012
（EU）2015/1428
（EC）No.245/2009
（EU）No.347/2010
（EU）No.874/2012</td><td rowspan="13">BAS EN 55015
BAS EN 61547
BAS EN 61000-3-2
BAS EN 61000-3-3
BAS EN 61000-3-11
BAS EN 61000-3-12</td><td rowspan="13">ETSI EN 300 328
欧盟 RED 指令</td></tr>
<tr><td>可移式灯具</td><td>BAS EN 60598-2-4</td></tr>
<tr><td>嵌入式灯具</td><td>BAS EN 60598-2-2</td></tr>
<tr><td>水族箱灯具</td><td>BAS EN 60598-2-11</td></tr>
<tr><td>电源插座安装的夜灯</td><td>BAS EN 60598-2-12</td></tr>
<tr><td>地面嵌入式灯具</td><td>BAS EN 60598-2-13</td></tr>
<tr><td>儿童用可移式灯具</td><td>BAS EN 60598-2-10</td></tr>
<tr><td>荧光灯用镇流器</td><td>BAS EN 61347-2-8</td><td rowspan="6">2009/125/EC
2010/30/EU
（EU）No.1194/2012
（EU）2015/1428
（EC）No.245/2009
（EU）No.347/2010</td></tr>
<tr><td>放电灯（荧光灯除外）用镇流器</td><td>BAS EN 61347-2-9</td></tr>
<tr><td>荧光灯用交流电子镇流器</td><td>BAS EN 61347-2-3</td></tr>
<tr><td>放电灯（荧光灯除外）用直流或交流电子镇流器</td><td>BAS EN 61347-2-12</td></tr>
<tr><td>LED 模块用直流或交流电子控制装置</td><td>BAS EN 61347-2-13</td></tr>
<tr><td colspan="5">[1] BAS EN 60598-2 系列特殊要求标准需与通用要求标准 BAS EN 60598-1 同时使用；
[2] BAS EN 61347-2 系列特殊要求标准需与通用要求标准 BAS EN 61347-1 同时使用。</td></tr>
</table>

第三章 非洲国家和地区照明产品强制性准入、认证与标准要求

非洲（Africa），全称阿非利加洲，位于东半球西部，欧洲以南，亚洲之西，东濒印度洋，西临大西洋，纵跨赤道南北，面积为3020万km^2（土地面积），占全球总陆地面积的20.4%，是世界第二大洲，同时也是人口第二大洲（10.325亿人）。包括如下国家：埃及、苏丹、利比亚、突尼斯、阿尔及利亚、摩洛哥、埃塞俄比亚、厄立特里亚、索马里、吉布提、肯尼亚、坦桑尼亚、乌干达、卢旺达、布隆迪、塞舌尔、毛里塔尼亚、塞内加尔、冈比亚、马里、几内亚、几内亚比绍、佛得角、塞拉利昂、利比里亚、科特迪瓦、加纳、多哥、贝宁、尼日尔、尼日利亚、乍得、中非、喀麦隆、赤道几内亚、加蓬、刚果、刚果民主共和国、赞比亚、安哥拉、津巴布韦、马拉维、莫桑比克、博茨瓦纳、纳米比亚、南非、莱索托、马达加斯加、科摩罗、毛里求斯、留尼汪岛、阿森松岛等。

3.1 北非地区

3.1.1 埃及

3.1.1.1 照明产品市场准入要求与技术法规

类别	准入与法规要求	产品范围
电气安全	自2016年3月1日起，法令规定的管制产品，须获得埃及政府授权的第三方检验机构签发的检验证书（CoI），方可进入埃及市场销售	固定式灯具、可移式灯具、嵌入式灯具、水族箱灯具、电源插座安装的夜灯、地面嵌入式灯具、儿童用可移式灯具、荧光灯用镇流器、放电灯（荧光灯除外）用镇流器、荧光灯用交流电子镇流器、放电灯（荧光灯除外）用直流或交流电子镇流器、LED模块用直流或交流电子控制装置
无线通讯射频（仅限WiFi）	埃及国家电信管理局法规规定，所有在埃及境内使用的通信设备包括终端设备、无线电通信设备等皆需取得NTRA型号核准证书	带有无线通讯模块的照明产品（仅限2.4GHz WiFi无线接入设备）

3.1.1.2　照明产品认证要求与标志

类别	认证要求	认证标志
电气安全	测试标准为：埃及标准或国际标准加国家差异； COI 认证模式：型式试验 + 装船前验货	—
无线通讯射频（仅限 WiFi）	申请 NTRA 型式认证的电信设备需先满足 CE、FCC 的法规要求，通过检测并取得型号核准证书后加贴标志	NTRA EGYPT الجهاز القومي لتنظيم الاتصالات NATIONAL TELECOM REGULATORY AUTHORITY

3.1.1.3　照明产品主要国家差异与标准

<table>
<tr><th rowspan="2">产品类别</th><th colspan="4">执行标准</th></tr>
<tr><th>安全[1,2]</th><th>能效</th><th>EMC</th><th>WiFi</th></tr>
<tr><td>固定式灯具</td><td>IEC 60958-2-1</td><td>—</td><td rowspan="13">—</td><td rowspan="13">ETSI EN 300 328
欧盟 RED 指令</td></tr>
<tr><td>可移式灯具</td><td>IEC 60958-2-4</td><td>—</td></tr>
<tr><td>嵌入式灯具</td><td>IEC 60958-2-2</td><td>—</td></tr>
<tr><td>水族箱灯具</td><td>IEC 60958-2-11</td><td>—</td></tr>
<tr><td>电源插座安装的夜灯</td><td>IEC 60958-2-12</td><td>—</td></tr>
<tr><td>地面嵌入式灯具</td><td>IEC 60958-2-13</td><td>—</td></tr>
<tr><td>儿童用可移式灯具</td><td>IEC 60958-2-10</td><td>—</td></tr>
<tr><td>荧光灯用镇流器</td><td>IEC 61347-2-8</td><td>—</td></tr>
<tr><td>放电灯（荧光灯除外）用镇流器</td><td>IEC 61347-2-9</td><td>—</td></tr>
<tr><td>荧光灯用交流电子镇流器</td><td>IEC 61347-2-3</td><td>—</td></tr>
<tr><td>放电灯（荧光灯除外）用直流或交流电子镇流器</td><td>IEC 61347-2-12</td><td>—</td></tr>
<tr><td>LED 模块用直流或交流电子控制装置</td><td>IEC 61347-2-13</td><td>—</td></tr>
<tr><td colspan="5">[1] IEC 60598-2 系列特殊要求标准需与通用要求标准 IEC 60598-1 同时使用；
[2] IEC 61347-2 系列特殊要求标准需与通用要求标准 IEC 61347-1 同时使用。</td></tr>
</table>

3.1.2 苏丹

照明产品主要国家差异与标准

电压 /V	频率 /Hz	主要官方语言	插头 / 插座	
			类型	插头 / 插座形式
230	50	阿拉伯语	C 型 D 型	

3.1.3 利比亚

3.1.3.1 照明产品市场准入要求与技术法规

类别	准入与法规要求	产品范围
电气安全	管制范围内产品须获得产品符合性认证证书方可进入市场销售	固定式灯具、可移式灯具、嵌入式灯具、水族箱灯具、电源插座安装的夜灯、地面嵌入式灯具、儿童用可移式灯具、荧光灯用镇流器、放电灯（荧光灯除外）用镇流器、荧光灯用交流电子镇流器、放电灯（荧光灯除外）用直流或交流电子镇流器、LED 模块用直流或交流电子控制装置

3.1.3.2 照明产品认证要求与标志

类别	认证要求	标志 / 标识
电气安全	测试标准为：国际标准； CoI 认证模式：型式试验 + 装船前验货	—

3.1.3.3 照明产品主要国家差异与标准

<table>
<tr><th rowspan="2">产品类别</th><th colspan="4">执行标准</th></tr>
<tr><th>安全[1,2]</th><th>能效</th><th>EMC</th><th>WiFi</th></tr>
<tr><td>固定式灯具</td><td>IEC 60958-2-1</td><td>—</td><td rowspan="12">—</td><td rowspan="12">—</td></tr>
<tr><td>可移式灯具</td><td>IEC 60958-2-4</td><td>—</td></tr>
<tr><td>嵌入式灯具</td><td>IEC 60958-2-2</td><td>—</td></tr>
<tr><td>水族箱灯具</td><td>IEC 60958-2-11</td><td>—</td></tr>
<tr><td>电源插座安装的夜灯</td><td>IEC 60958-2-12</td><td>—</td></tr>
<tr><td>地面嵌入式灯具</td><td>IEC 60958-2-13</td><td>—</td></tr>
<tr><td>儿童用可移式灯具</td><td>IEC 60958-2-10</td><td>—</td></tr>
<tr><td>荧光灯用镇流器</td><td>IEC 61347-2-8</td><td>—</td></tr>
<tr><td>放电灯（荧光灯除外）用镇流器</td><td>IEC 61347-2-9</td><td>—</td></tr>
<tr><td>荧光灯用交流电子镇流器</td><td>IEC 61347-2-3</td><td>—</td></tr>
<tr><td>放电灯（荧光灯除外）用直流或交流电子镇流器</td><td>IEC 61347-2-12</td><td>—</td></tr>
<tr><td>LED 模块用直流或交流电子控制装置</td><td>IEC 61347-2-13</td><td>—</td></tr>
<tr><td colspan="5">[1] IEC 60598-2 系列特殊要求标准需与通用要求标准 IEC 60598-1 同时使用；
[2] IEC 61347-2 系列特殊要求标准需与通用要求标准 IEC 61347-1 同时使用。</td></tr>
</table>

3.1.4 突尼斯

3.1.4.1 照明产品市场准入要求与技术法规

类别	准入与法规要求	产品范围
无线通讯射频（仅限 WiFi）	突尼斯的无线电及通讯产品须满足电信研究中心颁布的技术要求方可进入市场销售	带有无线通讯模块的照明产品（仅限 2.4GHz WiFi 无线接入设备）

3.1.4.2 照明产品认证要求与标志

类别	认证要求	认证标志
无线通讯射频（仅限 WiFi）	有资质的检测机构进行测试	—

3.1.4.3 照明产品主要国家差异与标准

产品类别	执行标准			
	安全	能效	EMC	WiFi
照明产品	—	—	—	ETSI EN 300 328 欧盟 RED 指令

3.1.5 阿尔及利亚

3.1.5.1 照明产品市场准入要求与技术法规

类别	准入与法规要求	产品范围
电气安全	据阿尔及利亚政府第 16/DGC/2009 号文件规定，消费品须获得由国际检验机构联盟的独立第三方成员机构颁发的符合性证书，方可进入市场销售	固定式灯具、可移式灯具、嵌入式灯具、水族箱灯具、电源插座安装的夜灯、地面嵌入式灯具、儿童用可移式灯具、荧光灯用镇流器、放电灯（荧光灯除外）用镇流器、荧光灯用交流电子镇流器、放电灯（荧光灯除外）用直流或交流电子镇流器、LED 模块用直流或交流电子控制装置
无线通讯射频（仅限 WiFi）	阿尔及利亚邮电管理局（ARPT）法规规定，所有境内使用的通信设备包括终端设备、无线电通信设备等皆需取得 ANRT 型号核准证书	带有无线通讯模块的照明产品（仅限 2.4GHz WiFi 无线接入设备）

3.1.5.2 照明产品认证要求与标志

类别	认证要求	认证标志
电气安全	测试标准为：国际标准加国家差异； VOC 认证模式：型式试验 + 装船前验货	—
无线通讯射频（仅限 WiFi）	测试 + 型号核准	—

3.1.5.3 照明产品主要国家差异与标准

产品类别	执行标准			
	安全[1, 2]	能效	EMC	WiFi
固定式灯具	IEC 60958-2-1	—	—	ETSI EN 300 328 欧盟 RED 指令
可移式灯具	IEC 60958-2-4	—		
嵌入式灯具	IEC 60958-2-2	—		
水族箱灯具	IEC 60958-2-11	—		
电源插座安装的夜灯	IEC 60958-2-12	—		
地面嵌入式灯具	IEC 60958-2-13	—		
儿童用可移式灯具	IEC 60958-2-10	—		
荧光灯用镇流器	IEC 61347-2-8	—		
放电灯（荧光灯除外）用镇流器	IEC 61347-2-9	—		
荧光灯用交流电子镇流器	IEC 61347-2-3	—		
放电灯（荧光灯除外）用直流或交流电子镇流器	IEC 61347-2-12	—		
LED 模块用直流或交流电子控制装置	IEC 61347-2-13	—		
[1] IEC 60598-2 系列特殊要求标准需与通用要求标准 IEC 60598-1 同时使用； [2] IEC 61347-2 系列特殊要求标准需与通用要求标准 IEC 61347-1 同时使用。				

3.1.6 摩洛哥

3.1.6.1 照明产品市场准入要求与技术法规

类别	准入与法规要求	产品范围
电气安全	对符合标准的产品加贴特殊合格标签后方可进入市场销售	适用于输入电压为 50V~1000V 交流电或 75V~1000V 直流电的产品（特殊用途设备除外）
电磁兼容（EMC）	对符合标准的产品进行特殊合格标签的要求标记后方可进入市场销售	适用于输入电压为 50V~1000V 交流电或 75V~1000V 直流电的产品（特殊用途设备除外）
无线通讯射频（仅限 WiFi）	国家电信管理局法规规定，所有在摩洛哥境内使用的通信设备包括终端设备、无线电通信设备等皆需取得 ANRT 型号核准证书	带有无线通讯模块的照明产品（仅限 2.4GHz WiFi 无线接入设备）

3.1.6.2 照明产品认证要求与标志

类别	认证要求	认证标志
电气安全	制造商/供应商在测试报告等技术文件的基础上自我声明（DOC）； DOC 应为阿拉伯语或法语	
电磁兼容（EMC）	制造商/供应商在测试报告等技术文件的基础上自我声明（DOC）； DOC 应为阿拉伯语或法语	
无线通讯射频（仅限 WiFi）	测试 + 型号核准	—

3.1.6.3 照明产品主要国家差异与标准

产品类别	执行标准			
	安全[1,2]	能效	EMC	WiFi
固定式灯具	NM EN 60958-2-1	—	CISPR 15 IEC 61547 IEC 61000-3-2 IEC 61000-3-3 IEC 61000-3-11 IEC 61000-3-12	ETSI EN 300 328 欧盟 RED 指令
可移式灯具	NM EN 60958-2-4	—		
嵌入式灯具	NM EN 60958-2-2	—		
水族箱灯具	NM EN 60958-2-11	—		
电源插座安装的夜灯	NM EN 60958-2-12	—		
地面嵌入式灯具	NM EN 60958-2-13	—		
儿童用可移式灯具	NM EN 60958-2-10	—		
荧光灯用镇流器	NM EN 61347-2-8	—		
放电灯（荧光灯除外）用镇流器	NM EN 61347-2-9	—		
荧光灯用交流电子镇流器	NM EN 61347-2-3	—		
放电灯（荧光灯除外）用直流或交流电子镇流器	NM EN 61347-2-12	—		
LED 模块用直流或交流电子控制装置	NM EN 61347-2-13	—		

[1] NM EN 60598-2 系列特殊要求标准需与通用要求标准 NM EN 60598-1 同时使用；
[2] NM EN 61347-2 系列特殊要求标准需与通用要求标准 NM EN 61347-1 同时使用。

3.2　东非地区

3.2.1　埃塞俄比亚

3.2.1.1　照明产品市场准入要求与技术法规

类别	准入与法规要求	产品范围
电气安全	自2014年7月8日起，在强制性标准清单范围内的进口货物应附有经授权的第三方检验机构颁发的符合性证书（CoC）方可进入市场销售	固定式灯具、可移式灯具、嵌入式灯具、水族箱灯具、电源插座安装的夜灯、地面嵌入式灯具、儿童用可移式灯具、荧光灯用镇流器、放电灯（荧光灯除外）用镇流器、荧光灯用交流电子镇流器、放电灯（荧光灯除外）用直流或交流电子镇流器、LED模块用直流或交流电子控制装置

3.2.1.2　照明产品认证要求与标志

类别	认证要求	认证标志
电气安全	埃塞俄比亚标准； CoC认证模式：型式试验+装船前验货	—

3.2.1.3　照明产品主要国家差异与标准

产品类别	执行标准			
	安全[1, 2]	能效	EMC	WiFi
固定式灯具	IEC 60958-2-1	—	—	—
可移式灯具	IEC 60958-2-4	—		
嵌入式灯具	IEC 60958-2-2	—		
水族箱灯具	IEC 60958-2-11	—		
电源插座安装的夜灯	IEC 60958-2-12	—		
地面嵌入式灯具	IEC 60958-2-13	—		
儿童用可移式灯具	IEC 60958-2-10	—		
荧光灯用镇流器	IEC 61347-2-8	—		
放电灯（荧光灯除外）用镇流器	IEC 61347-2-9	—		
荧光灯用交流电子镇流器	IEC 61347-2-3	—		
放电灯（荧光灯除外）用直流或交流电子镇流器	IEC 61347-2-12	—		
LED模块用直流或交流电子控制装置	IEC 61347-2-13	—		

[1] IEC 60598-2系列特殊要求标准需与通用要求标准IEC 60598-1同时使用；
[2] IEC 61347-2系列特殊要求标准需与通用要求标准IEC 61347-1同时使用。

3.2.2 厄立特里亚

照明产品主要国家差异

电压 /V	频率 /Hz	主要官方语言	插头 / 插座	
			类型	插头 / 插座形式
230	50	英语、阿拉伯语	C 型 L 型	

3.2.3 索马里

照明产品主要国家差异

电压 /V	频率 /Hz	主要官方语言	插头 / 插座	
			类型	插头 / 插座形式
220	50	索马里语、阿拉伯语	C 型	

3.2.4 吉布提

照明产品主要国家差异

电压 /V	频率 /Hz	主要官方语言	插头 / 插座	
			类型	插头 / 插座形式
220	50	法语、阿拉伯语	C 型 E 型	

3.2.5 肯尼亚

3.2.5.1 照明产品市场准入要求与技术法规

类别	准入与法规要求	产品范围
电气安全	肯尼亚标准局（KEBS）强制实施出口前标准符合性验证计划（PVoC），目录内的产品须在出货前获得符合性证书（CoC）方可顺利清关并进入市场销售	固定式灯具、可移式灯具、嵌入式灯具、水族箱灯具、电源插座安装的夜灯、地面嵌入式灯具、儿童用可移式灯具、荧光灯用镇流器、放电灯（荧光灯除外）用镇流器、荧光灯用交流电子镇流器、放电灯（荧光灯除外）用直流或交流电子镇流器、LED 模块用直流或交流电子控制装置

3.2.5.2 照明产品认证要求与标志

类别	认证要求	认证标志
电气安全	肯尼亚标准或国际标准加国家差异； PVoC 认证模式：型式试验 + 装船前验货； 三种认证模式： 模式 A：测试 + 装船前检验 模式 B：测试 + 产品注册 + 装船前检验； 模式 C：测试 + 生产企业的监督检查 + 货物的随机抽查	—

3.2.5.3 照明产品主要国家差异与标准

电压 /V	频率 /Hz	主要官方语言	插头 / 插座	
			类型	插头 / 插座形式
240	50	英语、 斯瓦希里语	G 型	

产品类别	执行标准			
	安全[1,2,3]	能效	EMC	WiFi
固定式灯具	KS IEC 60958-2-1	—		
可移式灯具	KS IEC 60958-2-4	—		
嵌入式灯具	KS IEC 60958-2-2	—		
水族箱灯具	IEC 60958-2-11	—		
电源插座安装的夜灯	IEC 60958-2-12	—		
地面嵌入式灯具	IEC 60958-2-13	—		
儿童用可移式灯具	KS IEC 60958-2-10	—		
荧光灯用镇流器	IEC 61347-2-8	—	—	—
放电灯（荧光灯除外）用镇流器	IEC 61347-2-9	—		
荧光灯用交流电子镇流器	IEC 61347-2-3	—		
放电灯（荧光灯除外）用直流或交流电子镇流器	IEC 61347-2-12	—		
LED 模块用直流或交流电子控制装置	IEC 61347-2-13	—		

[1] IEC 60598-2 系列特殊要求标准需与通用要求标准 IEC 60598-1 同时使用；
[2] KS IEC 60598-2 系列特殊要求标准需与通用要求标准 KS IEC 60598-1 同时使用；
[3] IEC 61347-2 系列特殊要求标准需与通用要求标准 IEC 61347-1 同时使用。

3.2.6 坦桑尼亚

3.2.6.1 照明产品市场准入要求与技术法规

类别	准入与法规要求	产品范围
电气安全	坦桑尼亚标准局（TBS）实施符合性评定方案，强制范围内的产品在出货前须获得产品符合性证书（CoC），方可顺利清关并进入市场销售	固定式灯具、可移式灯具、嵌入式灯具、水族箱灯具、电源插座安装的夜灯、地面嵌入式灯具、儿童用可移式灯具、荧光灯用镇流器、放电灯（荧光灯除外）用镇流器、荧光灯用交流电子镇流器、放电灯（荧光灯除外）用直流或交流电子镇流器、LED 模块用直流或交流电子控制装置

3.2.6.2 照明产品认证要求与标志

类别	认证要求	认证标志
电气安全	坦桑尼亚标准和国际标准加国家差异； CoC 认证模式：型式试验 + 装船前验货	—

3.2.6.3 照明产品主要国家差异与标准

电压 /V	频率 /Hz	主要官方语言	插头 / 插座	
			类型	插头 / 插座形式
230	50	英语、 斯瓦希里语	D 型 G 型	

产品类别	执行标准			
	安全[1,2]	能效	EMC	WiFi
固定式灯具	IEC 60958–2–1	—		
可移式灯具	IEC 60958–2–4	—		
嵌入式灯具	IEC 60958–2–2	—		
水族箱灯具	IEC 60958–2–11	—		
电源插座安装的夜灯	IEC 60958–2–12	—		
地面嵌入式灯具	IEC 60958–2–13	—		
儿童用可移式灯具	IEC 60958–2–10	—		
荧光灯用镇流器	IEC 61347–2–8	—	—	—
放电灯（荧光灯除外）用镇流器	IEC 61347–2–9	—		
荧光灯用交流电子镇流器	IEC 61347–2–3	—		
放电灯（荧光灯除外）用直流或交流电子镇流器	IEC 61347–2–12	—		
LED 模块用直流或交流电子控制装置	IEC 61347–2–13	—		

[1] IEC 60598–2 系列特殊要求标准需与通用要求标准 IEC 60598–1 同时使用；
[2] IEC 61347–2 系列特殊要求标准需与通用要求标准 IEC 61347–1 同时使用。

3.2.7　乌干达

3.2.7.1　照明产品市场准入要求与技术法规

类别	准入与法规要求	产品范围
电气安全	乌干达标准局实施出口前产品符合性认证，含有管制产品的每批进口货物，在出口前应取得授权机构签发的符合性证书（CoC），方可顺利清关并进入市场销售	固定式灯具、可移式灯具、嵌入式灯具、水族箱灯具、电源插座安装的夜灯、地面嵌入式灯具、儿童用可移式灯具、荧光灯用镇流器、放电灯（荧光灯除外）用镇流器、荧光灯用交流电子镇流器、放电灯（荧光灯除外）用直流或交流电子镇流器、LED 模块用直流或交流电子控制装置

3.2.7.2　照明产品认证要求与标志

类别	认证要求	认证标志
电气安全	乌干达标准（US）和国际标准加国家差异； 认证模式：型式试验＋装船前验货	—

3.2.7.3　照明产品主要国家差异与标准

电压 /V	频率 /Hz	主要官方语言	插头 / 插座	
			类型	插头 / 插座形式
240	50	英语、斯瓦希里语	G 型	

产品类别	执行标准			
	安全[1,2]	能效	EMC	WiFi
固定式灯具	US IEC 60958–2–1	—		
可移式灯具	US IEC 60958–2–4	—		
嵌入式灯具	US IEC 60958–2–2	—		
水族箱灯具	US IEC 60958–2–11	—		
电源插座安装的夜灯	US IEC 60958–2–12	—		
地面嵌入式灯具	US IEC 60958–2–13	—		
儿童用可移式灯具	US IEC 60958–2–10	—		
荧光灯用镇流器	US IEC 61347–2–8	—	—	—
放电灯（荧光灯除外）用镇流器	US IEC 61347–2–9	—		
荧光灯用交流电子镇流器	US IEC 61347–2–3	—		
放电灯（荧光灯除外）用直流或交流电子镇流器	US IEC 61347–2–12	—		
LED 模块用直流或交流电子控制装置	US IEC 61347–2–13	—		

[1] US IEC 60598–2 系列特殊要求标准需与通用要求标准 US IEC 60598–1 同时使用；

[2] US IEC 61347–2 系列特殊要求标准需与通用要求标准 US IEC 61347–1 同时使用。

3.2.8 卢旺达

3.2.8.1 照明产品市场准入要求与技术法规

类别	准入与法规要求	产品范围
电气安全	从2014年5月8日起卢旺达开始实施进口产品符合性评定方案（CoC），管控产品须获得符合性证书方可顺利清关并进入市场销售	固定式灯具、可移式灯具、嵌入式灯具、水族箱灯具、电源插座安装的夜灯、地面嵌入式灯具、儿童用可移式灯具、荧光灯用镇流器、放电灯（荧光灯除外）用镇流器、荧光灯用交流电子镇流器、放电灯（荧光灯除外）用直流或交流电子镇流器、LED模块用直流或交流电子控制装置

3.2.8.2 照明产品认证要求与标志

类别	认证要求	认证标志
电气安全	国际标准加国家差异； CoC认证模式：型式试验+装船前验货	—

3.2.8.3 照明产品主要国家差异与标准

电压/V	频率/Hz	主要官方语言	插头/插座	
			类型	插头/插座形式
230	50	英语、法语、卢旺达语	C型 J型	

产品类别	执行标准			
	安全[1,2]	能效	EMC	WiFi
固定式灯具	IEC 60958-2-1	—	—	—
可移式灯具	IEC 60958-2-4	—		
嵌入式灯具	IEC 60958-2-2	—		
水族箱灯具	IEC 60958-2-11	—		
电源插座安装的夜灯	IEC 60958-2-12	—		
地面嵌入式灯具	IEC 60958-2-13	—		
儿童用可移式灯具	IEC 60958-2-10	—		
荧光灯用镇流器	IEC 61347-2-8	—		
放电灯（荧光灯除外）用镇流器	IEC 61347-2-9	—		
荧光灯用交流电子镇流器	IEC 61347-2-3	—		
放电灯（荧光灯除外）用直流或交流电子镇流器	IEC 61347-2-12	—		
LED模块用直流或交流电子控制装置	IEC 61347-2-13	—		
[1] IEC 60598-2系列特殊要求标准需与通用要求标准IEC 60598-1同时使用； [2] IEC 61347-2系列特殊要求标准需与通用要求标准IEC 61347-1同时使用。				

3.2.9　布隆迪

3.2.9.1　照明产品市场准入要求与技术法规

类别	准入与法规要求	产品范围
电气安全	范围内产品须获得符合性认证证书（PVoC），方可顺利清关并进入市场销售	固定式灯具、可移式灯具、嵌入式灯具、水族箱灯具、电源插座安装的夜灯、地面嵌入式灯具、儿童用可移式灯具、荧光灯用镇流器、放电灯（荧光灯除外）用镇流器、荧光灯用交流电子镇流器、放电灯（荧光灯除外）用直流或交流电子镇流器、LED 模块用直流或交流电子控制装置

3.2.9.2　照明产品认证要求与标志

类别	认证要求	认证标志
电气安全	国际标准； CoC 认证模式：型式试验 + 装船前验货	—

3.2.9.3　照明产品主要国家差异与标准

电压 /V	频率 /Hz	主要官方语言	插头 / 插座	
			类型	插头 / 插座形式
220	50	法语、基隆迪语	C 型 E 型	

产品类别	执行标准			
	安全[1, 2]	能效	EMC	WiFi
固定式灯具	IEC 60958-2-1	—	—	—
可移式灯具	IEC 60958-2-4	—		
嵌入式灯具	IEC 60958-2-2	—		
水族箱灯具	IEC 60958-2-11	—		
电源插座安装的夜灯	IEC 60958-2-12	—		
地面嵌入式灯具	IEC 60958-2-13	—		
儿童用可移式灯具	IEC 60958-2-10	—		
荧光灯用镇流器	IEC 61347-2-8	—		
放电灯（荧光灯除外）用镇流器	IEC 61347-2-9	—		
荧光灯用交流电子镇流器	IEC 61347-2-3	—		
放电灯（荧光灯除外）用直流或交流电子镇流器	IEC 61347-2-12	—		
LED 模块用直流或交流电子控制装置	IEC 61347-2-13	—		

[1] IEC 60598-2 系列特殊要求标准需与通用要求标准 IEC 60598-1 同时使用；
[2] IEC 61347-2 系列特殊要求标准需与通用要求标准 IEC 61347-1 同时使用。

3.2.10 塞舌尔

照明产品主要国家差异与标准

电压 /V	频率 /Hz	主要官方语言	插头 / 插座	
			类型	插头 / 插座形式
240	50	英语、法语、克里奥尔语	G 型	

3.3 西非

3.3.1 毛里塔尼亚

照明产品主要国家差异与标准

电压 /V	频率 /Hz	主要官方语言	插头 / 插座	
			类型	插头 / 插座形式
220	50	阿拉伯语、法语	C 型	

3.3.2 塞内加尔

照明产品主要国家差异与标准

电压 /V	频率 /Hz	主要官方语言	插头 / 插座	
			类型	插头 / 插座形式
230	50	法语	C 型 D 型 E 型 K 型	   

3.3.3　冈比亚

照明产品主要国家差异与标准

电压 /V	频率 /Hz	主要官方语言	插头 / 插座	
			类型	插头 / 插座形式
230	50	阿拉伯语	G 型	

3.3.4　马里

照明产品主要国家差异与标准

电压 /V	频率 /Hz	主要官方语言	插头 / 插座	
			类型	插头 / 插座形式
220	50	法语、班巴拉语	C 型 E 型	 

3.3.5　几内亚

照明产品主要国家差异与标准

电压 /V	频率 /Hz	主要官方语言	插头 / 插座	
			类型	插头 / 插座形式
220	50	法语	C 型 F 型 K 型	  

3.3.6　几内亚比绍

照明产品主要国家差异与标准

电压 /V	频率 /Hz	主要官方语言	插头 / 插座	
			类型	插头 / 插座形式
220	50	葡萄牙语	C 型	

3.3.7 佛得角

照明产品主要国家差异与标准

电压 /V	频率 /Hz	主要官方语言	插头 / 插座	
			类型	插头 / 插座形式
220	50	葡萄牙语	C 型 F 型	

3.3.8 塞拉利昂

照明产品主要国家差异与标准

电压 /V	频率 /Hz	主要官方语言	插头 / 插座	
			类型	插头 / 插座形式
230	50	英语	D 型 G 型	

3.3.9 利比里亚

照明产品主要国家差异与标准

电压 /V	频率 /Hz	主要官方语言	插头 / 插座	
			类型	插头 / 插座形式
120 220	50 60	英语	A 型 B 型 C 型 E 型 F 型	

3.3.10 科特迪瓦

照明产品主要国家差异与标准

电压 /V	频率 /Hz	主要官方语言	插头 / 插座	
			类型	插头 / 插座形式
230	50	法语	C 型 E 型	

3.3.11 加纳

3.3.11.1 照明产品市场准入要求与技术法规

类别	准入与法规要求	产品范围
电气安全	自 2014 年 10 月 1 日起，管制类产品须在出货前申请并获得符合性认证证书（CoC），方可顺利清关并进入市场销售	固定式灯具、可移式灯具、嵌入式灯具、水族箱灯具、电源插座安装的夜灯、地面嵌入式灯具、儿童用可移式灯具、荧光灯用镇流器、放电灯（荧光灯除外）用镇流器、荧光灯用交流电子镇流器、放电灯（荧光灯除外）用直流或交流电子镇流器、LED 模块用直流或交流电子控制装置

3.3.11.2 照明产品认证要求与标志

类别	认证要求	认证标志
电气安全	测试所用标准为：加纳标准或国际标准加国家差异； CoC 认证模式：型式试验 + 装船前验货	—

3.3.11.3 照明产品主要国家差异与标准

电压 /V	频率 /Hz	主要官方语言	插头 / 插座	
			类型	插头 / 插座形式
230	50	英语	D 型 G 型	

产品类别	执行标准			
	安全[1,2]	能效	EMC	WiFi
固定式灯具	IEC 60958–2–1	—	—	—
可移式灯具	IEC 60958–2–4	—		
嵌入式灯具	IEC 60958–2–2	—		
水族箱灯具	IEC 60958–2–11	—		
电源插座安装的夜灯	IEC 60958–2–12	—		
地面嵌入式灯具	IEC 60958–2–13	—		
儿童用可移式灯具	IEC 60958–2–10	—		
荧光灯用镇流器	IEC 61347–2–8	—		
放电灯（荧光灯除外）用镇流器	IEC 61347–2–9	—		
荧光灯用交流电子镇流器	IEC 61347–2–3	—		
放电灯（荧光灯除外）用直流或交流电子镇流器	IEC 61347–2–12	—		
LED 模块用直流或交流电子控制装置	IEC 61347–2–13	—		

[1] IEC 60598–2 系列特殊要求标准需与通用要求标准 IEC 60598–1 同时使用；

[2] IEC 61347–2 系列特殊要求标准需与通用要求标准 IEC 61347–1 同时使用。

3.3.12 多哥

照明产品主要国家差异与标准

电压 /V	频率 /Hz	主要官方语言	插头 / 插座	
			类型	插头 / 插座形式
220	50	法语	C 型	

3.3.13 贝宁

照明产品主要国家差异与标准

电压 /V	频率 /Hz	主要官方语言	插头 / 插座	
			类型	插头 / 插座形式
220	50	法语	C 型 E 型	

3.3.14 尼日尔

3.3.14.1 照明产品市场准入要求与技术法规

类别	准入与法规要求	产品范围
电气安全	出口到尼日尔的家电产品，除了豁免清单外，都必须取得产品符合性证书方可顺利清关并进入市场销售	固定式灯具、可移式灯具、嵌入式灯具、水族箱灯具、电源插座安装的夜灯、地面嵌入式灯具、儿童用可移式灯具、荧光灯用镇流器、放电灯（荧光灯除外）用镇流器、荧光灯用交流电子镇流器、放电灯（荧光灯除外）用直流或交流电子镇流器、LED 模块用直流或交流电子控制装置

3.3.14.2 照明产品认证要求与标志

类别	认证要求	认证标志
电气安全	测试所用标准为：国际标准加国家差异； CoC 认证模式：型式试验 + 装船前验货	—

3.3.14.3 照明产品主要国家差异与标准

电压 /V	频率 /Hz	主要官方语言	插头 / 插座	
			类型	插头 / 插座形式
220	50	法语、豪萨语	A 型 B 型 C 型 D 型 E 型 F 型	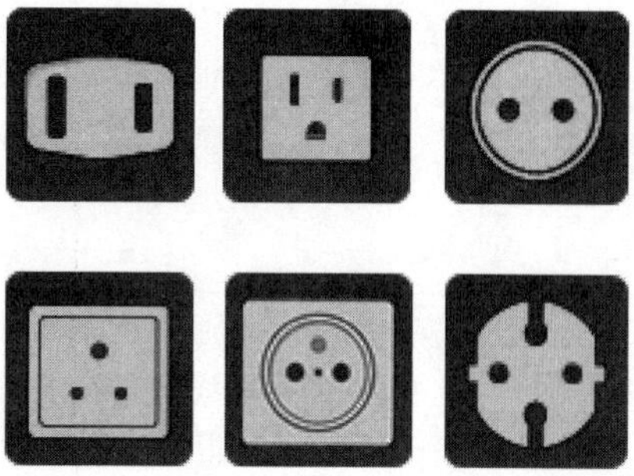

产品类别	执行标准			
	安全[1,2]	能效	EMC	WiFi
固定式灯具	IEC 60958-2-1	—	—	—
可移式灯具	IEC 60958-2-4	—		
嵌入式灯具	IEC 60958-2-2	—		
水族箱灯具	IEC 60958-2-11	—		
电源插座安装的夜灯	IEC 60958-2-12	—		
地面嵌入式灯具	IEC 60958-2-13	—		
儿童用可移式灯具	IEC 60958-2-10	—		
荧光灯用镇流器	IEC 61347-2-8	—		
放电灯（荧光灯除外）用镇流器	IEC 61347-2-9	—		
荧光灯用交流电子镇流器	IEC 61347-2-3	—		
放电灯（荧光灯除外）用直流或交流电子镇流器	IEC 61347-2-12	—		
LED 模块用直流或交流电子控制装置	IEC 61347-2-13	—		
[1] IEC 60598-2 系列特殊要求标准需与通用要求标准 IEC 60598-1 同时使用； [2] IEC 61347-2 系列特殊要求标准需与通用要求标准 IEC 61347-1 同时使用。				

3.3.15 尼日利亚

3.3.15.1 照明产品市场准入要求与技术法规

类别	准入与法规要求	产品范围
电气安全	尼日利亚标准局（Standard Organization of Nigeria，SON）规定，管制产品须出示具有资质的认证机构所签发的 SONCAP 证书正本，方可顺利清关并进入市场销售	固定式灯具、可移式灯具、嵌入式灯具、水族箱灯具、电源插座安装的夜灯、地面嵌入式灯具、儿童用可移式灯具、荧光灯用镇流器、放电灯（荧光灯除外）用镇流器、荧光灯用交流电子镇流器、放电灯（荧光灯除外）用直流或交流电子镇流器、LED 模块用直流或交流电子控制装置
无线通讯射频（仅限 WiFi）	尼日利亚通信委员会规定所有进入尼日利亚的通讯设备实施强制认证，所有通讯设备必须获得型式认可方可进入市场销售	带有无线通讯模块的照明产品（仅限 2.4GHz WiFi 无线接入设备）

3.3.15.2 照明茶品认证要求与标志

类别	认证要求	认证标志
电气安全	测试所用标准为：国际标准加国家差异； SONCAP 认证模式：型式试验 + 装船前验货； 需要先申请 PC，进口商拿到 PC 在进口地银行申请 FORM M，有了 FORM M 后再出货前申请 SONCAP 证书，则可以直接用于清关	—
无线通讯射频（仅限 WiFi）	NCC 对于无线通讯认证参考的国际标准包括 IEC/CISPR/CENELEC/ETSI； 测试报告可以参考 CE/FCC 报告，但仍需要送样做外观检查； 标志可以打在说明书或外包装上； 证书持证人必须是尼日利亚公共事务委员会（CAC）注册登记的公司	Connection and use of this communications equipment is permitted by the Nigerian Communications Commission

3.3.15.3 照明产品主要国家差异与标准

电压 /V	频率 /Hz	主要官方语言	插头 / 插座	
			类型	插头 / 插座形式
230	50	英语	D 型 G 型	

产品类别	执行标准			
	安全[1,2]	能效	EMC	WiFi
固定式灯具	IEC 60958-2-1	—		
可移式灯具	IEC 60958-2-4	—		
嵌入式灯具	IEC 60958-2-2	—		
水族箱灯具	IEC 60958-2-11	—		
电源插座安装的夜灯	IEC 60958-2-12	—		
地面嵌入式灯具	IEC 60958-2-13	—		
儿童用可移式灯具	IEC 60958-2-10	—		
荧光灯用镇流器	IEC 61347-2-8	—	—	ETSI EN 300 328 欧盟 RED 指令
放电灯（荧光灯除外）用镇流器	IEC 61347-2-9	—		
荧光灯用交流电子镇流器	IEC 61347-2-3	—		
放电灯（荧光灯除外）用直流或交流电子镇流器	IEC 61347-2-12	—		
LED 模块用直流或交流电子控制装置	IEC 61347-2-13	—		

[1] IEC 60598-2 系列特殊要求标准需与通用要求标准 IEC 60598-1 同时使用；
[2] IEC 61347-2 系列特殊要求标准需与通用要求标准 IEC 61347-1 同时使用。

3.4 中非地区

3.4.1 乍得

照明产品主要国家差异与标准

电压 /V	频率 /Hz	主要官方语言	插头 / 插座	
			类型	插头 / 插座形式
220	50	法语、阿拉伯语	C 型 D 型 E 型 F 型	

3.4.2 中非

照明产品主要国家差异与标准

电压 /V	频率 /Hz	主要官方语言	插头 / 插座	
			类型	插头 / 插座形式
220	50	法语	C 型 E 型	

3.4.3 喀麦隆

3.4.3.1 照明产品市场准入要求与技术法规

类别	准入与法规要求	产品范围
电气安全	自 2016 年 8 月 31 日起，管制内产品须满足符合性认证项目（PECAE）要求，获得符合性认证证书，方可顺利清关并进入市场销售	固定式灯具、可移式灯具、嵌入式灯具、水族箱灯具、电源插座安装的夜灯、地面嵌入式灯具、儿童用可移式灯具、荧光灯用镇流器、放电灯（荧光灯除外）用镇流器、荧光灯用交流电子镇流器、放电灯（荧光灯除外）用直流或交流电子镇流器、LED 模块用直流或交流电子控制装置

3.4.3.2　照明产品认证要求与标志

类别	认证要求	认证标志
电气安全	测试所用标准为： 喀麦隆标准、国际标准（ISO，IEC）、国家标准（BS，EN）； CoC 认证模式：型式试验 + 装船前验货	—

3.4.3.3　照明产品主要国家差异与标准

<table>
<tr><th rowspan="2">电压 /V</th><th rowspan="2">频率 /Hz</th><th rowspan="2">主要官方语言</th><th colspan="2">插头 / 插座</th></tr>
<tr><th>类型</th><th>插头 / 插座形式</th></tr>
<tr><td>220</td><td>50</td><td>法语、英语</td><td>C 型
E 型</td><td></td></tr>
</table>

<table>
<tr><th rowspan="2">产品类别</th><th colspan="4">执行标准</th></tr>
<tr><th>安全[1,2]</th><th>能效</th><th>EMC</th><th>WiFi</th></tr>
<tr><td>固定式灯具</td><td>IEC 60958-2-1</td><td>—</td><td rowspan="13">—</td><td rowspan="13">—</td></tr>
<tr><td>可移式灯具</td><td>IEC 60958-2-4</td><td>—</td></tr>
<tr><td>嵌入式灯具</td><td>IEC 60958-2-2</td><td>—</td></tr>
<tr><td>水族箱灯具</td><td>IEC 60958-2-11</td><td>—</td></tr>
<tr><td>电源插座安装的夜灯</td><td>IEC 60958-2-12</td><td>—</td></tr>
<tr><td>地面嵌入式灯具</td><td>IEC 60958-2-13</td><td>—</td></tr>
<tr><td>儿童用可移式灯具</td><td>IEC 60958-2-10</td><td>—</td></tr>
<tr><td>荧光灯用镇流器</td><td>IEC 61347-2-8</td><td>—</td></tr>
<tr><td>放电灯（荧光灯除外）用镇流器</td><td>IEC 61347-2-9</td><td>—</td></tr>
<tr><td>荧光灯用交流电子镇流器</td><td>IEC 61347-2-3</td><td>—</td></tr>
<tr><td>放电灯（荧光灯除外）用直流或交流电子镇流器</td><td>IEC 61347-2-12</td><td>—</td></tr>
<tr><td>LED 模块用直流或交流电子控制装置</td><td>IEC 61347-2-13</td><td>—</td></tr>
<tr><td colspan="3">[1] IEC 60598-2 系列特殊要求标准需与通用要求标准 IEC 60598-1 同时使用；
[2] IEC 61347-2 系列特殊要求标准需与通用要求标准 IEC 61347-1 同时使用。</td></tr>
</table>

3.4.4 赤道几内亚

照明产品主要国家差异与标准

电压 /V	频率 /Hz	主要官方语言	插头 / 插座	
			类型	插头 / 插座形式
220	50	西班牙语、法语、葡萄牙语	C 型 E 型	

3.4.5 加蓬

3.4.5.1 照明产品市场准入要求与技术法规

类别	准入与法规要求	产品范围
电气安全	加蓬标准局（AGANOR）自 2016 年 5 月 21 日强制实施 PROGEC 要求，管制类产品须获得符合性认证证书，方可顺利清关并进入市场销售	固定式灯具、可移式灯具、嵌入式灯具、水族箱灯具、电源插座安装的夜灯、地面嵌入式灯具、儿童用可移式灯具、荧光灯用镇流器、放电灯（荧光灯除外）用镇流器、荧光灯用交流电子镇流器、放电灯（荧光灯除外）用直流或交流电子镇流器、LED 模块用直流或交流电子控制装置

3.4.5.2 照明产品认证要求与标志

类别	认证要求	认证标志
电气安全	测试所用标准为：加蓬标准或国际标准； CoC 认证模式：型式试验 + 装船前验货	—

3.4.5.3 照明产品主要国家差异与标准

电压 /V	频率 /Hz	主要官方语言	插头 / 插座	
			类型	插头 / 插座形式
220	50	法语	C 型	

产品类别	执行标准			
	安全[1,2]	能效	EMC	WiFi
固定式灯具	IEC 60958–2–1	—		
可移式灯具	IEC 60958–2–4	—		
嵌入式灯具	IEC 60958–2–2	—		
水族箱灯具	IEC 60958–2–11	—		
电源插座安装的夜灯	IEC 60958–2–12	—		
地面嵌入式灯具	IEC 60958–2–13	—		
儿童用可移式灯具	IEC 60958–2–10	—		
荧光灯用镇流器	IEC 61347–2–8	—	—	—
放电灯（荧光灯除外）用镇流器	IEC 61347–2–9	—		
荧光灯用交流电子镇流器	IEC 61347–2–3	—		
放电灯（荧光灯除外）用直流或交流电子镇流器	IEC 61347–2–12	—		
LED 模块用直流或交流电子控制装置	IEC 61347–2–13	—		
[1] IEC 60598–2 系列特殊要求标准需与通用要求标准 IEC 60598–1 同时使用； [2] IEC 61347–2 系列特殊要求标准需与通用要求标准 IEC 61347–1 同时使用。				

3.4.6　刚果

照明产品主要国家差异与标准

电压 /V	频率 /Hz	主要官方语言	插头 / 插座	
			类型	插头 / 插座形式
230	50	法语	C 型 E 型	

3.4.7 刚果民主共和国

照明产品主要国家差异与标准

电压 /V	频率 /Hz	主要官方语言	插头 / 插座	
			类型	插头 / 插座形式
220	50	法语	C 型 D 型 E 型	

3.5 南非地区

3.5.1 赞比亚

3.5.1.1 照明产品市场准入要求与技术法规

类别	准入与法规要求	产品范围
电气安全	自 2011 年 5 月 1 日起，赞比亚标准局要求进口的管控产品符合赞比亚和 / 或被批准的国际标准或法规，开始实施出口前符合性评定方案（简称 PVoC），管制产品出口前须获得符合性认证证书，方可顺利清关进入市场销售	固定式灯具、可移式灯具、嵌入式灯具、水族箱灯具、电源插座安装的夜灯、地面嵌入式灯具、儿童用可移式灯具、荧光灯用镇流器、放电灯（荧光灯除外）用镇流器、荧光灯用交流电子镇流器、放电灯（荧光灯除外）用直流或交流电子镇流器、LED 模块用直流或交流电子控制装置

3.5.1.2 照明产品认证要求与标志

类别	认证要求	认证标志
电气安全	测试所用标准为：赞比亚标准或国际标准； CoC 认证模式：型式试验 + 装船前验货	—

3.5.1.3 照明产品主要国家差异与标准

电压 /V	频率 /Hz	主要官方语言	插头 / 插座	
			类型	插头 / 插座形式
230	50	英语	C 型 D 型 G 型	

产品类别	执行标准			
	安全[1,2]	能效	EMC	WiFi
固定式灯具	IEC 60958-2-1	—	—	—
可移式灯具	IEC 60958-2-4	—		
嵌入式灯具	IEC 60958-2-2	—		
水族箱灯具	IEC 60958-2-11	—		
电源插座安装的夜灯	IEC 60958-2-12	—		
地面嵌入式灯具	IEC 60958-2-13	—		
儿童用可移式灯具	IEC 60958-2-10	—		
荧光灯用镇流器	IEC 61347-2-8	—		
放电灯（荧光灯除外）用镇流器	IEC 61347-2-9	—		
荧光灯用交流电子镇流器	IEC 61347-2-3	—		
放电灯（荧光灯除外）用直流或交流电子镇流器	IEC 61347-2-12	—		
LED 模块用直流或交流电子控制装置	IEC 61347-2-13	—		

[1] IEC 60598-2 系列特殊要求标准需与通用要求标准 IEC 60598-1 同时使用；
[2] IEC 61347-2 系列特殊要求标准需与通用要求标准 IEC 61347-1 同时使用。

3.5.2 安哥拉

照明产品主要国家差异与标准

电压 /V	频率 /Hz	主要官方语言	插头 / 插座	
			类型	插头 / 插座形式
220	50	葡萄牙语	C 型	

3.5.3 津巴布韦

3.5.3.1 照明产品市场准入要求与技术法规

类别	准入与法规要求	产品范围
电气安全	2015 年 5 月 16 日起，所有出口至津巴布韦的货物在离岸前要申请符合性认证并获得证书，方可顺利清关并进入市场销售	固定式灯具、可移式灯具、嵌入式灯具、水族箱灯具、电源插座安装的夜灯、地面嵌入式灯具、儿童用可移式灯具、荧光灯用镇流器、放电灯（荧光灯除外）用镇流器、荧光灯用交流电子镇流器、放电灯（荧光灯除外）用直流或交流电子镇流器、LED 模块用直流或交流电子控制装置

3.5.3.2 照明产品认证要求与标志

类别	认证要求	认证标志
电气安全	测试所用标准为：国际标准； 模式：型式试验 + 装船前验货	—

3.5.3.3 照明产品主要国家差异与标准

电压 /V	频率 /Hz	主要官方语言	插头 / 插座	
			类型	插头 / 插座形式
220	50	英语、 绍纳语、 恩德贝勒语	D 型 G 型	

产品类别	执行标准			
	安全[1, 2]	能效	EMC	WiFi
固定式灯具	IEC 60958-2-1	—	—	—
可移式灯具	IEC 60958-2-4	—		
嵌入式灯具	IEC 60958-2-2	—		
水族箱灯具	IEC 60958-2-11	—		
电源插座安装的夜灯	IEC 60958-2-12	—		
地面嵌入式灯具	IEC 60958-2-13	—		
儿童用可移式灯具	IEC 60958-2-10	—		
荧光灯用镇流器	IEC 61347-2-8	—		
放电灯（荧光灯除外）用镇流器	IEC 61347-2-9	—		
荧光灯用交流电子镇流器	IEC 61347-2-3	—		
放电灯（荧光灯除外）用直流或交流电子镇流器	IEC 61347-2-12	—		
LED 模块用直流或交流电子控制装置	IEC 61347-2-13	—		

[1] IEC 60598-2 系列特殊要求标准需与通用要求标准 IEC 60598-1 同时使用；
[2] IEC 61347-2 系列特殊要求标准需与通用要求标准 IEC 61347-1 同时使用。

3.5.4　马拉维

照明产品主要国家差异与标准

电压 /V	频率 /Hz	主要官方语言	插头 / 插座	
			类型	插头 / 插座形式
230	50	英语、齐切瓦语	G 型	

3.5.5 莫桑比克

3.5.5.1 照明产品市场准入要求与技术法规

类别	准入与法规要求	产品范围
电气安全	莫桑比克进口管制类产品需要在出口国预先完成检验，方可进口入莫桑比克。管制清单中的产品必须符合此规定并在进口清关时提交检验证书（DUC证书），方可进入市场销售	固定式灯具、可移式灯具、嵌入式灯具、水族箱灯具、电源插座安装的夜灯、地面嵌入式灯具、儿童用可移式灯具、荧光灯用镇流器、放电灯（荧光灯除外）用镇流器、荧光灯用交流电子镇流器、放电灯（荧光灯除外）用直流或交流电子镇流器、LED模块用直流或交流电子控制装置

3.5.5.2 照明产品认证要求与标志

类别	认证要求	认证标志
电气安全	测试所用标准为：国际标准； 莫桑比克装船前检验（PSI）	—

3.5.5.3 照明产品主要国家差异与标准

电压 /V	频率 /Hz	主要官方语言	插头 / 插座	
			类型	插头 / 插座形式
220	50	葡萄牙语	C 型 F 型 M 型	

产品类别	执行标准			
	安全[1,2]	能效	EMC	WiFi
固定式灯具	IEC 60958-2-1	—	—	—
可移式灯具	IEC 60958-2-4	—		
嵌入式灯具	IEC 60958-2-2	—		
水族箱灯具	IEC 60958-2-11	—		
电源插座安装的夜灯	IEC 60958-2-12	—		
地面嵌入式灯具	IEC 60958-2-13	—		
儿童用可移式灯具	IEC 60958-2-10	—		
荧光灯用镇流器	IEC 61347-2-8	—		
放电灯（荧光灯除外）用镇流器	IEC 61347-2-9	—		
荧光灯用交流电子镇流器	IEC 61347-2-3	—		
放电灯（荧光灯除外）用直流或交流电子镇流器	IEC 61347-2-12	—		
LED 模块用直流或交流电子控制装置	IEC 61347-2-13	—		
[1] IEC 60598-2 系列特殊要求标准需与通用要求标准 IEC 60598-1 同时使用； [2] IEC 61347-2 系列特殊要求标准需与通用要求标准 IEC 61347-1 同时使用。				

3.5.6　博茨瓦纳

照明产品主要国家差异与标准

电压 /V	频率 /Hz	主要官方语言	插头 / 插座	
			类型	插头 / 插座形式
230	50	英语、茨瓦纳语	D 型 E 型 G 型	

3.5.7　纳米比亚

照明产品主要国家差异与标准

电压 /V	频率 /Hz	主要官方语言	插头 / 插座	
			类型	插头 / 插座形式
220	50	英语	D 型 M 型	

3.5.8　南非

3.5.8.1　照明产品市场准入要求与技术法规

类别	准入与法规要求	产品范围
无线通讯射频（仅限 WiFi）	带有无线通讯 WiFi 模块的家电产品，须获得南非独立通信局型号核准证书并加贴核准标志，方可在市场销售	带有无线通讯模块的照明产品（仅限 2.4GHz WiFi 无线接入设备）

3.5.8.2　照明产品认证要求与标志

类别	认证要求	认证标志
无线通讯射频（仅限 WiFi）	在有资质的实验室进行测试并出具报告	ICASA TE-XX/XXX APPROVED

3.5.8.3 照明产品主要国家差异与标准

电压 /V	频率 /Hz	主要官方语言	插头 / 插座	
			类型	插头 / 插座形式
230	50	英语、南非荷兰语、祖鲁语	C 型 D 型 M 型 N 型 F 型	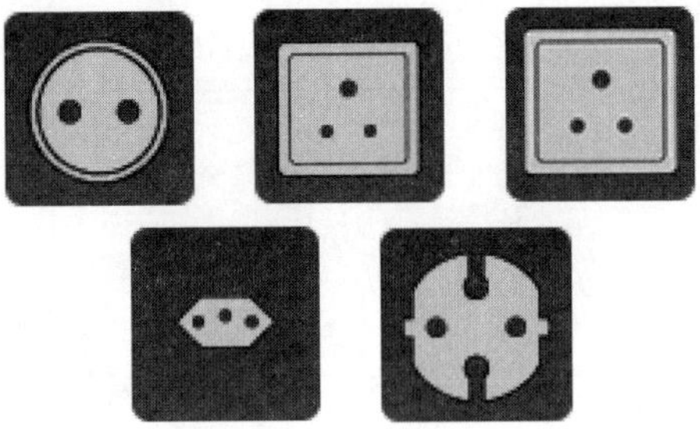

产品类别	执行标准			
	安全	能效	EMC	WiFi
照明产品	—	—	—	ETSI EN 300 328 欧盟 RED 指令

3.5.9 莱索托

照明产品主要国家差异与标准

电压 /V	频率 /Hz	主要官方语言	插头 / 插座	
			类型	插头 / 插座形式
220	50	塞苏陀语、英语	M 型	

3.5.10 马达加斯加

照明产品主要国家差异与标准

电压 /V	频率 /Hz	主要官方语言	插头 / 插座	
			类型	插头 / 插座形式
127 220	50	法语、马达加斯加语	C 型 D 型 E 型 J 型 K 型	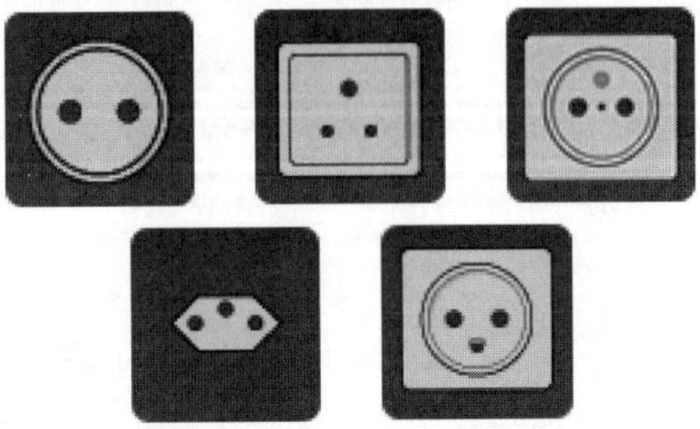

3.5.11　科摩罗

照明产品主要国家差异与标准

电压 /V	频率 /Hz	主要官方语言	插头 / 插座	
			类型	插头 / 插座形式
220	50	科摩罗语、 法语、 阿拉伯语	C 型 E 型	

3.5.12　毛里求斯

3.5.12.1　照明产品市场准入要求与技术法规

类别	准入与法规要求	产品范围
电气安全	毛里求斯标准局自 2017 年 10 月 1 日正式实施符合性认证，管制内产品须获得符合性证书，方可顺利清关进入市场销售	可移式灯具、荧光灯用镇流器、荧光灯用交流电子镇流器、LED 模块用直流或交流电子控制装置

3.5.12.2　照明产品认证要求与标志

类别	认证要求	认证标志
电气安全	测试所用标准为：国际标准 + 国家差异； CoC 认证模式：型式试验	—

3.5.12.3　照明产品主要国家差异与标准

电压 /V	频率 /Hz	主要官方语言	插头 / 插座	
			类型	插头 / 插座形式
230	50	英语	C 型 G 型 E 型	

<table>
<tr><th rowspan="2">产品类别</th><th colspan="4">执行标准</th></tr>
<tr><th>安全[1,2]</th><th>能效</th><th>EMC</th><th>WiFi</th></tr>
<tr><td>可移式灯具</td><td>MS IEC 60598-2-4</td><td rowspan="4">—</td><td rowspan="4">—</td><td rowspan="4">—</td></tr>
<tr><td>荧光灯用镇流器</td><td>MS IEC 61347-2-8</td></tr>
<tr><td>荧光灯用交流电子镇流器</td><td>MS IEC 61347-2-3</td></tr>
<tr><td>LED 模块用直流或交流电子控制装置</td><td>MS IEC 61347-2-13</td></tr>
<tr><td colspan="5">[1] MS IEC 60598-2 系列特殊要求标准需与通用要求标准 MS IEC 60598-1 同时使用；
[2] MS IEC 61347-2 系列特殊要求标准需与通用要求标准 MS IEC 61347-1 同时使用。</td></tr>
</table>

3.5.13 留尼汪岛

照明产品主要国家差异与标准

电压 /V	频率 /Hz	主要官方语言	插头 / 插座	
			类型	插头 / 插座形式
220	50	法语	E 型	

第四章　北美洲国家和地区照明产品强制性准入、认证与标准要求

北美洲（North America），全称为北亚美利加洲，位于西半球北部。是世界经济第二发达的大洲，其中美国经济位居世界前列，在全球经济和政治上有重要影响力。面积 2422.8 万 km^2（包括附近岛屿），约占世界陆地总面积的 16.2%，是世界第三大洲。通用英语，其次是西班牙语、法语、荷兰语、印第安语等。北美洲的经济发展十分不平衡，美国与加拿大两国为发达国家，其余的国家都为发展中国家。

4.1　加拿大

4.1.1　照明产品市场准入要求与技术法规

类别	准入和法规要求	产品范围
电气安全	《加拿大电气法》规定电器设备需要取得安全认证标志 / 标签方可市场销售	LED 控制装置、LED 组件（模块）、气体放电灯和荧光灯用镇流器、固定式通用灯具、嵌入式灯具、儿童用可移式灯具、LED 模块用直流或交流电子控制装置
能效	《能源效率法》规定部分产品都需要符合最低能源标准限值（MEPS）要求，某些产品需要加贴强制性能源指导标签方可进入市场销售	荧光灯用镇流器
无线通讯射频（仅限 WiFi）	《无线电通讯法令和法规》规定，设备须符合无线电通讯标准的要求，方可进入市场销售	带有无线通讯模块的照明产品（仅限 2.4GHz WiFi 无线接入设备）

4.1.2 照明产品认证要求与标志

类别	认证要求	认证标志
电气安全	型式试验 + 工厂审查，认证必须从加拿大标准委员会（SCC）认可的认证机构获得，获证后须加贴认证标志	SCC 认可的认证机构相关标志例如：
	产品在有资质的检测机构进行测试并提交给主管部门审核	—
能效	产品在有资质的检测机构进行测试并加贴能效标签	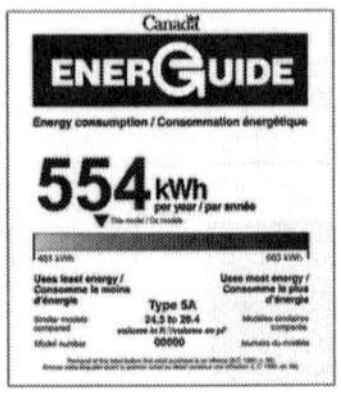
无线通讯射频（仅限 WiFi）	采用自我申明或者认证的模式，自我申明的技术档案须经无线通讯主管机构 IC 备案；认证证书须有经 IC 认可的认证机构颁发并加贴相关标志	—

4.1.3 照明产品主要国家差异与标准

电压 /V	频率 /Hz	主要官方语言	插头 / 插座	
			类型	插头 / 插座形式
120/208/240/277	60	英语、法语	A 型 B 型	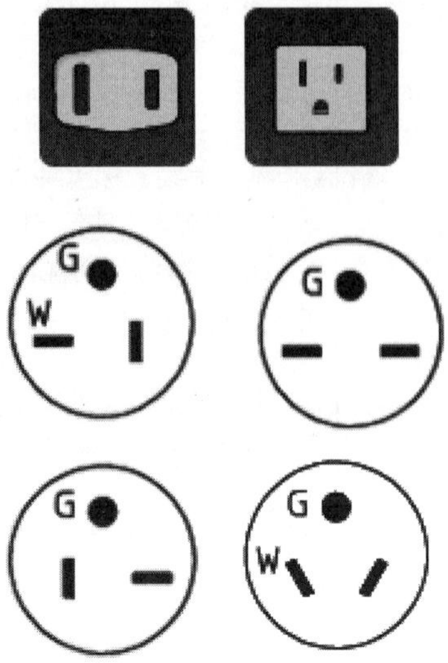

产品类别	执行标准			
	安全	能效	EMC	WiFi
固定式通用灯具	CSA 22.2 No.250	—	—	RSS Gen Issue 3 RSS 210 Annex 8 RSS 210 Annx 2.9
嵌入式灯具	CSA 22.2 No.250	—		
儿童用可移式灯具	CSA 22.2 No.12	—		
荧光灯用镇流器	CSA 22.2 No.74	—		
放电灯（荧光灯除外）用镇流器	CSA 22.2 No.74	—		
放电灯（荧光灯除外）用直流或交流电子镇流器	CSA 22.2 No.74	—		
LED 模块用直流或交流电子控制装置	CSA 22.2 No.223 CSA 22.2 No.60950-1	—		
荧光灯用交流电子镇流器	CSA 22.2 No.74	10 CFR 430，Subpart B，Appendix Q.		

4.2 美国

4.2.1 市场准入要求与技术法规

类别	准入和法规要求	产品范围
电气安全	职业安全与健康管理局（OSHA）要求在工作场所使用的 37 种不同类型的产品、设备、组件或系统必须获得由国家认可测试实验室（NRTL）的认证方可进入市场销售	可移式通用灯具、固定式通用灯具、嵌入式灯具、水族箱灯具、电源插座安装的夜灯、地面嵌入式灯具、儿童用可移式灯具、荧光灯用镇流器、荧光灯用交流电子镇流器、放电灯（荧光灯除外）用直流或交流电子镇流器、LED 模块用直流或交流电子控制装置
电磁兼容（EMC）	《联邦通讯法》规定，范围内产品须经过获得认可的机构检测后合格方可进入市场销售	工作频率大于 9kHz 的照明产品适用 FCC Part 18； 工作频率小于 9kHz 或使用直流供电，则用 FCC Part 15
能效	《国家节能政策法》规定，范围内产品须符合最低能源限值标准（MEPS）要求，部分产品须加贴强制性能效标签方可进入市场销售	固定式灯具，可移式通用灯具，荧光灯用镇流器，荧光灯用交流电子镇流器，荧光灯用镇流器
无线通讯射频（仅限 WiFi）	《联邦通讯法》规定，范围内产品须经过获得认可的机构检测认证后方可进入市场销售	带有无线通讯模块的照明产品（仅限 2.4GHz WiFi 无线接入设备）

4.2.2 照明产品认证要求与标志

类别	认证要求	认证标志
电气安全	型式试验 + 工厂审查，认证必须从美国职业安全与健康管理局 OSHA 认可的认证机构获得，获证后须加贴认证标志	OSHA 认可的认证机构相关标志例如：UL LISTED
电磁兼容（EMC）	一般采用自我验证或者符合性申明或模式，自我验证的产品需在列名的机构完成检测；符合性申明的产品需在认可的机构完成检测提供技术档案加贴相应 FCC 标签	FC
能效	向 DOE 和 FTC 提交能源使用数据并加贴强制性 EnergyGuide 标签	ENERGYGUIDE Estimated Yearly Operating Cost $67 630 kWh Estimated Yearly Electricity Use Your cost will depend on your utility rates and use.
无线通讯射频（仅限 WiFi）	一般采用符合性申明或者认证的模式，符合性申明的产品需在认可的机构完成检测提供技术档案加贴相应 FCC 标签；认证的产品需在 FCC 认可的机构（TCB）完成检测与认证，产品上需要标贴 FCC ID	FC

4.2.3 照明产品主要国家差异与标准

电压 /V	频率 /Hz	主要官方语言	插头 / 插座	
			类型	插头 / 插座形式
120/208/240/277	60	英语	A 型 B 型	G W G G G W

<table>
<tr><th rowspan="2">产品类别</th><th colspan="4">执行标准</th></tr>
<tr><th>安全</th><th>能效</th><th>EMC</th><th>WiFi</th></tr>
<tr><td>固定式通用灯具</td><td>UL 1598
CSA 22.2 No.250</td><td>10 CFR 431.324;
10 CFR 430，subpart B，appendix V and 10 CFR 430，subpart B，appendix V1;
ANSI C78.377，UL 8750，IES LM-79，IES LM-80，IES LM-82，ANSI/ IES RP-16，IES TM-21，LSD 45</td><td rowspan="12">FCC Part 15
FCC Part 18</td><td rowspan="12">FCC Part 15C
15.247</td></tr>
<tr><td>可移式通用灯具</td><td>UL 153
CSA 22.2 No.12</td><td>ANSI C78.377，UL 8750，IES LM-79，IES LM-80，IES LM-82，ANSI/IES RP-16，IES TM-21，LSD 45</td></tr>
<tr><td>嵌入式灯具</td><td>UL 1598
CSA 22.2 No.250</td><td>—</td></tr>
<tr><td>水族箱灯具</td><td>UL 1018</td><td>—</td></tr>
<tr><td>电源插座安装的夜灯</td><td>UL 1786
CSA 22.2 No.256</td><td>—</td></tr>
<tr><td>地面嵌入式灯具</td><td>UL 1598
CSA 22.2 No.250</td><td>—</td></tr>
<tr><td>儿童用可移式灯具</td><td>UL 153
CSA 22.2 No.12</td><td>—</td></tr>
<tr><td>放电灯（荧光灯除外）用直流或交流电子镇流器</td><td>UL 1029
CSA 22.2 No.74</td><td>—</td></tr>
<tr><td>LED 模块用直流或交流电子控制装置</td><td>UL 1310
UL 1012
UL 8750
CSA 22.2 No.223
CSA 22.2 No.107.2</td><td>—</td></tr>
<tr><td>荧光灯用交流电子镇流器</td><td>UL 935
CSA 22.2 No.74</td><td>10 CFR 430，Subpart B，Appendix Q.</td></tr>
<tr><td>荧光灯用镇流器</td><td>UL 935
CSA 22.2 No.74</td><td>10 CFR 430，Subpart B，Appendix Q.</td></tr>
</table>

4.3 墨西哥

4.3.1 照明产品市场准入要求与技术法规

类别	准入和法规要求	产品范围
电气安全	根据《墨西哥计量与标准化联邦法》规定，产品符合墨西哥官方 NOM 标准并经测试合格后，并加贴墨西哥 NOM 安全标志方可进入市场销售	固定式通用灯具、可移式通用灯具、嵌入式灯具、水族箱灯具、电源插座安装的夜灯、地面嵌入式灯具、儿童用可移式灯具、荧光灯用交流电子镇流器

4.3.2 照明产品认证要求与标志

类别	认证要求	认证标志
电气安全	型式试验 + 指定认证机构认证	NOM

4.3.3 主要国家差异与标准

电压 /V	频率 /Hz	主要官方语言	插头 / 插座	
			类型	插头 / 插座形式
127	60	西班牙语	A 型 B 型	

产品类别	执行标准			
	安全	能效	EMC	WiFi
固定式灯具	NMX-J-307-ANCE	—	—	—
可移式灯具	NMX-J-307-ANCE	—	—	—
嵌入式灯具	NMX-J-307-ANCE	—	—	—
水族箱灯具	NMX-J-307-ANCE	—	—	—
电源插座安装的夜灯	NMX-J-307-ANCE	—	—	—
地面嵌入式灯具	NMX-J-307-ANCE	—	—	—
儿童用可移式灯具	NMX-J-307-ANCE	—	—	—
荧光灯用交流电子镇流器	NMX-J-230-ANCE	—	—	—

4.4　巴哈马

照明产品主要国家差异与标准

电压 /V	频率 /Hz	主要官方语言	插头 / 插座	
			类型	插头 / 插座形式
120	60	英语	A 型 B 型	

4.5　巴巴多斯

照明产品主要国家差异与标准

电压 /V	频率 /Hz	主要官方语言	插头 / 插座	
			类型	插头 / 插座形式
115	50	英语	A 型 B 型	

4.6　哥斯达黎加

4.6.1　照明产品市场准入要求与技术法规

类别	准入和法规要求	产品范围
安全	产品通过测试证明符合相关强制标准与要求，并获得 CoC 或 DoC	嵌入式灯具
能效	《合理利用能源法规 – 关于能源效率》规定，并加贴能效标签，方可进入市场销售	高强度气体放电灯（HID）、室内 LED 灯具
无线通讯射频（仅限 WiFi）	《移动电信终端的类型审批程序》规定，移动电信终端需要取得型号核准方可进入市场销售	带有无线通讯模块的灯具和灯控制装置类产品（仅限 2.4GHz WiFi 无线接入设备）

4.6.2 照明产品认证要求与标志

类别	认证要求	认证标志
安全	检测 + 有资质认证机构颁发的 CoC 或制造企业 DOC	—
能效	检测 + 加贴能效标签	Etiqueta Eficiencia ₡31.100 Costo de Operación Anual 542 kWh 383 kWh 516 litros
无线与通信	检测 +SUTEL 型号核准	sutel XXXXX-2011

4.6.3 照明产品主要国家差异与标准

电压 /V	频率 /Hz	主要官方语言	插头 / 插座	
			类型	插头 / 插座形式
120	60	西班牙语	A 型 B 型	

产品类别	执行标准			
	安全	能效	EMC	WiFi
嵌入式灯具	INTE/IEC 60598–1 INTE/IEC 60598–2–2	—	—	FCC Part 15C 15.247
室内 LED 灯具	—	INTE 28–01–44	—	
高强度气体放电灯（HID）	—	INTE 28–01–28 INTE 28–01–27	—	

4.7 古巴

照明产品主要国家差异与标准

电压 /V	频率 /Hz	主要官方语言	插头 / 插座	
			类型	插头 / 插座形式
110	60	西班牙语	A 型 B 型	

4.8　格林纳达

照明产品主要国家差异与标准

电压 /V	频率 /Hz	主要官方语言	插头 / 插座	
			类型	插头 / 插座形式
230	50	英语	G 型	

4.9　牙买加

4.9.1　照明产品市场准入要求与技术法规

类别	准入和法规要求	产品范围
电气安全	根据《标准法》规定，范围内产品须证明符合相关强制标准与要求方可进入市场销售	荧光灯用镇流器

4.9.2　照明产品认证要求与标志

类别	认证要求	认证标志
电气安全	产品通过测试证明符合相关强制标准与要求	Product Certification Marks

4.9.3　照明产品主要国家差异与标准

电压 /V	频率 /Hz	主要官方语言	插头 / 插座	
			类型	插头 / 插座形式
110	50	英语	A 型 B 型	

产品类别	执行标准			
	安全	能效	EMC	WiFi
荧光灯用镇流器	JS 253	—		

4.10 多米尼克

照明产品主要国家差异与标准与标准

电压 /V	频率 /Hz	主要官方语言	插头 / 插座	
			类型	插头 / 插座形式
230	50	英语	D 型 G 型	

4.11 特立尼达和多巴哥

4.11.1 照明产品市场准入要求与技术法规

类别	准入和法规要求	产品范围
电气安全	《强制性标准令》规定，范围内产品须证明符合相关强制标准与要求方可进入市场销售	灯具、荧光灯用镇流器

4.11.2 照明产品认证要求与标志

类别	认证要求	认证标志
电气安全	产品通过测试证明符合相关强制标准与要求	—

4.11.3 照明产品主要国家差异与标准

电压 /V	频率 /Hz	主要官方语言	插头 / 插座	
			类型	插头 / 插座形式
115	60	英语	A 型 B 型	

产品类别	执行标准			
	安全	能效	EMC	WiFi
灯具	TTS/UL 1598	—	—	—
荧光灯用镇流器	TTS/UL 935	—	—	—

4.12　安提瓜和巴布达

照明产品主要国家差异与标准

电压 /V	频率 /Hz	主要官方语言	插头 / 插座	
			类型	插头 / 插座形式
230	60	英语	A 型 B 型	 

第五章　南美洲国家和地区照明产品强制性准入、认证与标准要求

南美洲（South America）总面积 1797 万 km^2（含附近岛屿），占世界陆地总面积的 12%，境内主要国家包括圭亚那、苏里南、委内瑞拉、哥伦比亚、厄瓜多尔、秘鲁、玻利维亚、智利、阿根廷、乌拉圭、巴拉圭、巴西等。

5.1　哥伦比亚

5.1.1　照明产品市场准入要求与技术法规

类别	准入和法规要求	产品范围
电气安全	《RETILAP——灯具及公共照明设备的标准技术法规》规定，强制认证范围内产品须获得强制性认证证书方可在市场销售	灯控制装置类产品

5.1.2　照明产品认证要求与标志

类别	认证要求	认证标志
电气安全	ONAC 认可的检测机构检测 + 指定认证机构符合性认证	—

5.1.3　照明产品主要国家差异与标准

电压 /V	频率 /Hz	主要官方语言	插头 / 插座	
			类型	插头 / 插座形式
110	60	西班牙语	A 型 B 型	

产品类别	执行标准			
	安全	能效	EMC	WiFi
荧光灯用镇流器	IEC 61347-1 IEC 61347-2-8	—	—	—
荧光灯用交流电子镇流器	ANSI C82.11 UL 935	—	—	—
放电灯（荧光灯除外）用镇流器	NTC 2117	—	—	—
放电灯（荧光灯除外）用电子镇流器	ANSI C82.4	—	—	—

5.2　委内瑞拉

照明产品主要国家差异与标准

电压 /V	频率 /Hz	主要官方语言	插头 / 插座	
			类型	插头 / 插座形式
120	60	西班牙语	A 型 B 型	

5.3　圭亚那

照明产品主要国家差异与标准

电压 /V	频率 /Hz	主要官方语言	插头 / 插座	
			类型	插头 / 插座形式
240	60	英语	A 型 B 型	

5.4 苏里南

照明产品主要国家差异与标准

电压 /V	频率 /Hz	主要官方语言	插头 / 插座	
			类型	插头 / 插座形式
127	60	荷兰语	C 型 F 型	

5.5 厄瓜多尔

5.5.1 照明产品市场准入要求与技术法规

类别	准入和法规要求	产品范围
电气安全	厄瓜多尔政府对部分照明设备强制实施符合性认证要求；强制认证目录内的电子电气产品在进入厄瓜多尔市场前，必须通过认证并持有符合性证书	放电灯（荧光灯除外）用镇流器；放电灯（荧光灯除外）用电子镇流器
能效	厄瓜多尔政府对部分照明产品强制实施能效要求，范围内产品须经有资质检测机构检测后获得符合性认证证书方可在市场销售	放电灯（荧光灯除外）用镇流器

5.5.2 照明产品认证要求与标志

类别	认证要求	认证标志
电气安全	按照法规要求抽样测试并由有资质的认证机构出具符合性证书	—
能效	按照法规要求抽样测试并由有资质的认证机构出具符合性证书	—

5.5.3 照明产品主要国家差异与标准

电压 /V	频率 /Hz	主要官方语言	插头 / 插座	
			类型	插头 / 插座形式
120	60	西班牙语	A 型 B 型	

产品类别	执行标准			
	安全	能效	EMC	WiFi
放电灯（荧光灯除外）用镇流器	NTE INEN–IEC 61347–1 NTE INEN 61347–2–9	IEC 60923	—	—
放电灯（荧光灯除外）用直流或交流电子镇流器	NTE INEN–IEC 61347–1 NTE INEN 61347–2–12	—		

5.6　秘鲁

5.6.1　照明产品市场准入要求与技术法规

类别	准入和法规要求	产品范围（家电）
能效	根据能源产品能效标签技术规范，范围内的家电产品须符合技术规范要求并加贴能效标签后方可在市场销售	荧光灯用交流电子镇流器，荧光灯用镇流器

5.6.2　照明产品认证要求与标志

类别	认证要求	认证标志
能效	根据技术规范以及相关标准进行测试并取得符合性认证证书	Energía A B C D E F G A 1350 Lumen 20 Watt 8000 h

5.6.3　照明产品主要国家差异与标准

电压 /V	频率 /Hz	主要官方语言	插头 / 插座	
			类型	插头 / 插座形式
220	60	西班牙语	A 型 B 型 C 型	

产品类别	执行标准			
	安全	能效	EMC	WiFi/RF
荧光灯用镇流器	—	IEC 62442–1	—	—
荧光灯用交流电子镇流器	—			

5.7 巴西

照明产品主要国家差异与标准

电压 /V	频率 /Hz	主要官方语言	插头 / 插座	
			类型	插头 / 插座形式
127 220	60	葡萄牙语	C 型 N 型	 

5.8 玻利维亚

照明产品主要国家差异与标准

电压 /V	频率 /Hz	主要官方语言	插头 / 插座	
			类型	插头 / 插座形式
115 230	50	西班牙语	A 型 C 型	 

5.9 智利

5.9.1 照明产品市场准入要求与技术法规

类别	准入和法规要求	产品范围（家电）
电气安全	根据《电动产品与燃料产品的认证法规》，强制性产品需根据该法规所规定流程取得安全证书，并加贴电力与燃料最高监管局颁发的二维码（SEC）方可在市场销售	放电灯（荧光灯除外）用镇流器；荧光灯用镇流器

5.9.2　照明产品认证要求与标志

类别	认证要求	认证标志
电气安全	抽样 + 型式试 + 初始工厂检查 + 监督复查； 获证后强制要求加贴二维码	SEC 9900000002623
能效	型式试验 + 工厂检查； 颁发能效认证前需确认产品是否拥有安全认证	—

5.9.3　照明产品主要国家差异与标准

电压 /V	频率 /Hz	主要官方语言	插头 / 插座	
			类型	插头 / 插座形式
220	50	西班牙语	C 型 L 型	

产品类别	执行标准编号			
	安全 [1]	能效	EMC	WiFi
荧光灯用镇流器	IEC 61347-2-8	—	—	—
放电灯（荧光灯除外）用镇流器	IEC 61347-2-9	—		

[1] 特殊要求标准需与通用要求标准 IEC 61347-1 同时使用。

5.10　乌拉圭

照明产品主要国家差异与标准

电压 /V	频率 /Hz	主要官方语言	插头 / 插座	
			类型	插头 / 插座形式
220	50	西班牙语	C 型 F 型 I 型 L 型	

5.11 阿根廷

5.11.1 市场准入要求与技术法规

类别	准入和法规要求	产品范围
电气安全	从2002年12月31日起，法规规定范围内的产品必须申请并通过强制性认证，方可在市场销售	固定式灯具，可移式灯具
能效	根据阿根廷国内贸易局（DNCI）发布的决议规定，相关产品均须粘贴能效标签后方可在市场销售	荧光灯用交流电子镇流器
无线通讯射频（仅限WiFi）	国家通信局（ENACOM）规定大多数电信通信线路终端设备和射频设备须通过检测和审批后方可在市场销售	带有无线通讯模块的照明产品（仅限2.4GHz WiFi无线接入设备）

5.11.2 认证要求与标志

类别	认证要求	认证标志
电气安全	型式试验＋工厂检查	
能效	根据相关IRAM标准对产品进行测试后获得能效认证并加贴能效标签	
无线通讯射频（仅限WiFi）	在当地获得认可的检测机构进行检测＋审批注册	—

5.11.3 照明产品主要国家差异与标准

电压/V	频率/Hz	主要官方语言	插头/插座	
			类型	插头/插座形式
220	50	西班牙语	C型 I型	

<table>
<tr><th rowspan="2">产品类别</th><th colspan="4">执行标准编号</th></tr>
<tr><th>安全[1]</th><th>能效</th><th>EMC</th><th>WiFi</th></tr>
<tr><td>固定式灯具</td><td>IRAM-AADL J 2028-2</td><td>—</td><td rowspan="3">—</td><td rowspan="3">Protocolo de Ensayos de Equipos de Banda Ancha Para Uso Privado V 13.2</td></tr>
<tr><td>可移式灯具</td><td>IRAM-AADL J 2028-5</td><td>—</td></tr>
<tr><td>荧光灯用交流电子镇流器</td><td>—</td><td>IRAM-62407</td></tr>
<tr><td colspan="5">[1] 灯具安全执行标准需与 IRAM-AADL J 2028-1 共同使用。</td></tr>
</table>

第六章　大洋洲国家和地区照明产品强制性准入、认证与标准要求

大洋洲（Oceania），总面积约 897 万 km^2，约占世界陆地总面积的 6%。

大洋洲有 14 个独立国家，其他十几个地区尚在美、英、法等国的管辖之下，各国经济发展水平差异显著，澳大利亚和新西兰经济发达，其他岛国多为农业国，经济比较落后。工业主要集中在澳大利亚，其次是新西兰。在地理上划分为澳大利亚、巴布亚新几内亚、新西兰、美拉尼西亚、密克罗尼西亚和波利尼西亚六区。

6.1　澳新地区

6.1.1　澳新地区

6.1.1.1　照明产品市场准入要求与技术法规

类别	准入与法规要求	产品范围
电气安全	电气法规管理委员会（ERAC）建立澳大利亚电气设备安全系统（EESS），规定范围内电气产品须满足澳新 /IEC 标准要求并加贴 RCM 标志（新南威尔士州除外）才能在市场销售，其中高风险（第 3 级）产品须在指定的政府机构或认证部门获得安全认证证书	额定电压交流 50V~1000V 或直流 120V~1500V 范围内的家庭及类似用途的电气产品； 其中要求获得强制安全认证（第 3 级高风险）的照明产品包括： 可移式灯具； 儿童用可移式灯具； 电源插座安装的夜灯； 荧光灯用镇流器； 荧光灯用交流电子镇流器； LED 模块用直流或交流电子控制装置
能效	根据澳大利亚联邦环境与能源部颁布的温室与最低能源标准法案（GEMS）以及新西兰能效与节能管理局（EECA）颁布的能效（用能产品）2012 规范，实施设备能效计划（E3），计划范围内的照明产品必须满足能效标签要求和 / 或最低能效要求	荧光灯用镇流器
电磁兼容以及无线通讯射频（仅限 WiFi）	澳大利亚通讯与媒体管理局（ACMA）规定，家电产品在满足安全准入要求的同时，须符合澳新电磁兼容 EMC 标准以及无线频谱要求并加贴 RCM 标志，才能在澳新市场销售	根据干扰发射对使用无线电频谱设备的影响程度判定产品范围与要求，大部分灯具产品属于第 2 级

6.1.1.2　照明产品认证要求与标志

类别	认证要求	认证标志
电气安全	1. 第 3 级高风险产品须在各州政府授权机构获得电气安全认证证书，产品符合澳新标准或 IEC 标准，经澳新本地责任方（经销商、进口商等）在 EESS 注册； 2. 第 2 级中风险产品须在 EESS 注册，并提交检测报告 / 技术评估文件； 3. 第 1 级低风险产品须加贴 RCM 标志 4. 仅在新南威尔士州销售的产品无须在 EESS 注册，也无须加贴 RCM 标志。但新南威尔士州接受 RCM 标志	
能效	型式试验，范围内产品必须满足最低能效限值要求（MEPS）	—
电磁兼容以及无线通讯射频（仅限 WiFi）	型式试验，安全风险等级第 2 级与第 3 级的产品在 EESS 注册	

6.1.1.3　照明产品主要地区差异与标准

产品类别	执行标准			
	安全[1,2]	能效	EMC	WiFi
可移式灯具	AS/NZS 60598.2.4	—	AS/NZS CISPR 15	AS/NZS 4268
儿童用可移式灯具	AS/NZS 60598.2.10	—		
电源插座安装的夜灯	AS/NZS 60598.2.12	—		
荧光灯用镇流器	AS/NZS 61347.2.8	AS/NZS 4783.1 AS/NZS 4783.2		
荧光灯用交流电子镇流器	AS/NZS 61347.2.3	AS/NZS 4783.1 AS/NZS 4783.2		
LED 模块用直流或交流电子控制装置	AS/NZS 61347.2.13	—		

[1] 特殊要求标准需与通用要求标准 AS/NZS 60598.1 共同使用；
[2] 特殊要求标准需与通用要求标准 AS/NZS 61347.1 共同使用。

6.2　澳大利亚

6.2.1　照明产品市场准入要求与技术法规

澳大利亚家电产品市场准入执行本章 6.1.1.1 描述的澳新地区相关要求。

6.2.2 照明产品认证要求与标志

澳大利亚家电产品的认证要求与标志采用本章 6.1.1.2 描述的澳新地区相关要求。

6.2.3 照明产品主要国家差异与标准

电压 /V	频率 /Hz	主要官方语言	插头 / 插座	
			类型	插头 / 插座形式
230	50	英语	I 型	

6.3 新西兰

6.3.1 照明产品市场准入要求与技术法规

新西兰家电产品市场准入要求执行本章 6.1.1.1 描述的澳新地区相关要求。

6.3.2 照明产品认证要求与标志

新西兰家电产品的认证要求与标志采用本章 6.1.1.2 描述的澳新地区相关要求。

6.3.3 照明产品主要国家差异与标准

电压 /V	频率 /Hz	主要官方语言	插头 / 插座	
			类型	插头 / 插座形式
230	50	英语	I 型	

6.4 巴布亚新几内亚

照明产品主要国家差异与标准

电压 /V	频率 /Hz	主要官方语言	插头 / 插座	
			类型	插头 / 插座形式
240	50	英语	I 型	

6.5　萨摩亚

照明产品主要国家差异与标准

电压/V	频率/Hz	主要官方语言	插头/插座	
			类型	插头/插座形式
230	50	萨摩亚语	I 型	

6.6　斐济

照明产品主要国家差异与标准

电压/V	频率/Hz	主要官方语言	插头/插座	
			类型	插头/插座形式
240	50	斐济语、印地语、英语	I 型	

6.7　密克罗尼西亚联邦

照明产品主要国家差异与标准

电压/V	频率/Hz	主要官方语言	插头/插座	
			类型	插头/插座形式
120	60	英语	A 型 B 型	 

6.8 汤加

照明产品主要国家差异与标准

电压 /V	频率 /Hz	主要官方语言	插头 / 插座	
			类型	插头 / 插座形式
240	50	汤加语、英语	I 型	

6.9 瓦努阿图

照明产品主要国家差异与标准

电压 /V	频率 /Hz	主要官方语言	插头 / 插座	
			类型	插头 / 插座形式
220	50	英语、法语、比斯拉马语	C 型 G 型 I 型	  

6.10 库克群岛

照明产品主要国家差异与标准

电压 /V	频率 /Hz	主要官方语言	插头 / 插座	
			类型	插头 / 插座形式
240	50	库克群岛毛利语、英语	I 型	

附录 1 IEC——国际电工委员会

国际电工委员会（IEC）成立于 1906 年，是世界上成立最早的国际性电工标准化机构，负责有关电气工程和电子工程领域中的国际标准化工作，总部位于日内瓦。IEC 为企业、行业和政府搭建了合作、讨论和开发其所需要的国际标准的平台。所有的 IEC 标准都是在投票一致的前提下正式出版，体现了每个国家参与 IEC 工作的主要兴趣方的需求。每个成员国，不论大小，在 IEC 国际标准讨论时都具有话语权，在 IEC 标准表决时都具有一票选择权。

IEC 共有来自世界各个地区的 60 个正式成员和 23 个准成员，每个成员的国家委员会将本国电工领域的所有兴趣方，包括企业、行业协会、教育机构、政府部门、权力机构等聚集在一起，代表本国电工领域的全部利益。IEC 通过电气电子及相关技术标准化和合格评定工作服务全球市场和全社会。IEC 提倡世界贸易和经济增长，鼓励产品、体系和服务开发是安全的、高效的和环保的。

IEC 是全球领先的机构，出版 IEC 成员一致同意的电工产品、体系和服务领域的国际标准并管理相应的合格评定体系。IEC 出版物作为世界各国国家标准化的参考基础，也是全球众多合格评定体系的技术依据。

IEC 标准的权威性是世界公认的。IEC 每年要在世界各地召开 100 多次国际标准会议，世界各国的近 10 万名专家在参与 IEC 的标准制定、修订工作。IEC 现在有技术委员会（TC）97 个；分技术委员会（SC）77 个。IEC 标准在迅速增加，1963 年只有 120 个标准，截至 2000 年 12 月底，IEC 已制定了 4885 个国际标准。

我国于 1957 年参加 IEC，1988 年起，改为以国家技术监督局的名义参加 IEC 的工作，现在是以中国国家标准化管理委员会的名义参加 IEC 工作。中国是 IEC 95 个技术委员会和 80 个分委员会的 P 成员。目前，我国是 IEC 理事局、执委会和合格评定局的成员。1990 年和 2002 年我国在北京分别承办了 IEC 第 54 届和第 66 届年会。2011 年 10 月 28 日，在澳大利亚召开的第 75 届国际电工委员会（IEC）理事大会上，正式通过了中国成为 IEC 常任理事国的决议。目前，IEC 常任理事国为中国、法国、德国、日本、英国、美国。

附录 2　IECEE-CB——国际认证的桥梁

IECEE 是“国际电工委员会电工设备和零件合格评定体系”的英文缩写，是一个基于 IEC 国际标准的多边认证体系，其成员根据测试结果相互认可的原则在全球范围内获取国家层面的认证或许可，因而减少了由于产品出口不同国家所必须的不同认证而导致的贸易壁垒，并避免了多次测试带来的时间延误和费用增加，使得企业降低了产品的制造成本，有助于企业进入新的市场，从而实现全球经济一体化的目标。

IECEE 体系探讨家用、办公用、车间用、健康设施用零件、装置和设备的安全、质量、效率等综合性能，覆盖了以下 23 类电子电器产品和测试服务。

缩写	产品名称
BATT	电池
CABL	电线和电缆
CAP	电容器
CONT	家用电器用器具开关和自动控制器
E3	能效
ELVH	电动汽车
EMC	电磁兼容
HOUS	家用和类似用途设备
HSTS	有害物质
INDA	工业自动化
INST	安装附件和连接装置
LITE	照明
MEAS	测量、控制和实验室设备
MED	医疗用电器械
MISC	其他
OFF	信息技术和办公设备
POW	低压、大功率开关设备
PROT	安装保护设备

续表

缩写	产品名称
PV	光伏
SAFE	安全变压器和类似设备
TOOL	便携式工具
TOYS	电玩具
TRON	电子娱乐设备

IECEE CB 体系是 IECEE 体系之一，也是运作最成功的合格评定互认体系，通过一次测试（依据 IEC 国际标准）和一张证书（证明符合性）可以获取一个或多个国家认证证书。有些国家的国家标准尚未完全等同于 IEC 标准，因而申报了国家差异。为了确保 IECEE CB 体系的顺利运作，测试时必须考虑这些国家差异的要求。

IECEE 成员身份向 IEC 国家委员会开放。IECEE 授权各个国家的国家认证机构（NCB）认可和颁发 CB 测试报告和 CB 证书。IECEE 的 NCB 授权 CB 实验室（CBTL）根据 IEC 标准进行测试。IECEE CB 体系目前覆盖了全球 53 个国家成员，77 个国家认证机构（NCB）以及 473 个 CB 实验室（CBTL）。2016 年，IECEE CB 体系共颁发 CB 证书 96898 张，共认可 CB 证书 27970 张。

IECEE 正在探索在智能家电、智能传感器、新能源、供应链管理、功能性安全、能效、无线通讯 WiFi 和蓝牙以及机器对机器的协同工作能力等新技术领域的发展，旨在这些新技术领域提供市场准入服务。

IECEE CB 体系包括以下 53 个国家成员：阿根廷、澳大利亚、奥地利、巴林、白俄罗斯、比利时、巴西、保加利亚、加拿大、中国、哥伦比亚、克罗地亚、捷克、丹麦、芬兰、法国、德国、希腊、匈牙利、印度、印度尼西亚、爱尔兰、以色列、意大利、日本、肯尼亚、韩国、马来西亚、墨西哥、荷兰、新西兰、尼日利亚、挪威、巴基斯坦、波兰、葡萄牙、俄罗斯、沙特阿拉伯、塞尔维亚、新加坡、斯洛伐克、斯洛文尼亚、南非、西班牙、瑞典、瑞士、泰国、土耳其、乌克兰、阿联酋、英国、美国和越南。

附录3　主要认证机构及认证标志一览表（家电产品）

洲别	序号	国家/地区名称	认证机构名称	机构认证标志
亚洲	1	中国	CQC	
			Vkan Certification & Testing Co.，Ltd.（CVC）	
	2	印度	BIS	
	3	印度尼西亚	Sucofindo	—
	4	韩国	KTL	—
	5	日本	JQA	
			JET	
	6	马来西亚	SIRIM	
	7	沙特	SASO	

续表

洲别	序号	国家 / 地区名称	认证机构名称	机构认证标志
	8	新加坡	TüV SüD PSB	—
	9	泰国	TISI	—
	10	土耳其	TSE	TSE
	11	阿联酋	ESMA	علامة الجودة الإماراتية Emirates Quality Mark
	12	中国香港	HKCC	香港安全標誌 Hong Kong Safety Mark
	13	中国台湾	"BSMI"	—
	14	卡塔尔	QGOSM	—
亚洲	15	越南	QUACERT	—
	16	柬埔寨	ISC	—
	17	菲律宾	BPS	BPS CERTIFIED Product Safety
	18	不丹	BSB	—
	19	哈萨克斯坦	KAZMEMST	
	20	阿塞拜疆	AZGOST	—
	21	巴基斯坦	PSQCA	Pakistan Standards
	22	阿富汗	—	—

续表

洲别	序号	国家 / 地区名称	认证机构名称	机构认证标志
亚洲	23	巴勒斯坦	PSI	
	24	伊朗	SGS& BV	—
欧洲	1	奥地利	OVE	
	2	白俄罗斯	BELLIS	
	3	比利时	SGS-CEBEC	
	4	捷克	EZU	
	5	丹麦	UL（Demko）	
	6	芬兰	SGS Fimko	
	7	法国	Apave	
	8		LNE	
	9		LCIE	
	10	德国	VDE	

续表

洲别	序号	国家/地区名称	认证机构名称	机构认证标志
欧洲	11	希腊	MIRTEC	无 注：希腊政府根据相关法律，于2012年6月30日撤销了原ELOT认证委员会。
	12	匈牙利	T ü V Rheinland	
	13	意大利	IMQ	
	14	荷兰	DEKRA	
	15	挪威	NEMKO	
	16	波兰	PCBC	
	17	葡萄牙	SEP-BB	
	18		ITE PREDOM	
	19		CERTIF	
	20	俄罗斯	GOST Re	
	21	塞尔维亚	KVALITET	
	22	斯洛伐克	EVPU	
	23	斯洛文尼亚	SIQ	

续表

洲别	序号	国家/地区名称	认证机构名称	机构认证标志
欧洲	24	西班牙	AENOR	Marca AENOR
	25	瑞典	Intertek Semko	Intertek
	26	瑞士	Electrosuisse	SEV
	27	乌克兰	UkrTEST	
	28	英国	BSI	
非洲	1	南非	NRCS	SABS APPROVED ICASA TE-XXXXXX APPROVED
	2	埃及	NTRA	
	3	摩洛哥	MCINET	
	4	尼日利亚	SON	STANDARD ORGANISATION OF NIGERIA son

续表

洲别	序号	国家 / 地区名称	认证机构名称	机构认证标志
北美洲	1	加拿大	CSA	
	2		UL	
			QPS	
	3	墨西哥	NYCE	
	4		ANCE	
	5	美国	UL	
	6		Intertek	
	7		MET	
	8		TUV Rheinland	
	9	牙买加	BSJ	

续表

洲别	序号	国家 / 地区名称	认证机构名称	机构认证标志
南美洲	1	巴西	INMETRO	INMETRO
	2	玻利维亚	IBNORCA	PRODUCTO CERTIFICADO IBNORCA
	3	阿根廷	IRAM	IRAM-ITS-IMQ (P)
	4		NCI	CNC

附录 4　编写机构简介

CVC 威凯，成立于 1958 年，是专业从事认证评价、检验检测业务的独立第三方质量技术服务机构，成员机构包括“威凯检测技术有限公司”以及“威凯认证检测有限公司”。

CVC 威凯是中国最早的 IECEE CB 实验室之一；是国家授权的认证检测机构，认证业务类别和领域包括：QMS/EMS/OHSAS 管理体系认证、CVC 标志认证、CCC 认证等；同时还是国家批准授权的检验机构、检测实验室、校准实验室、能力验证提供者、进出口商品检验鉴定机构。在国际认证方面，CVC 威凯是厄瓜多尔产品符合性认证机构、沙特 SASO CoC 认证机构、海湾 GC 标志认证机构、埃及 COI 认证机构，检测报告获得 70 多个国家 100 多家机构的认可。服务领域涉及家用电器、电器附件、电机、信息技术设备、音视频产品、照明产品、玩具与儿童用品、纺织品、汽车及其零部件、电池、材料、压缩机、电焊机、内燃机、机械等行业。

（网址：www.cvc.org.cn　电话：020-32293889　邮箱：office@cvc.org.cn）

昕诺飞是全球照明领导企业，业务涵盖专业照明，消费照明，以及物联网照明。我们借助飞利浦品牌的照明产品，Interact 智能互联照明系统和数据服务，来传递商业价值，改善家居生活、美化建筑和公共景观。2017 年，昕诺飞年销售额达 70 亿欧元，在全球 70 多个国家和地区拥有大约 32 000 名员工。我们致力于开启照明的非凡潜力，创造“闪亮生活，美好世界”。

（更多信息可登录：http：//www.signify.com/news）